75歳からの生き方ノート

ライフ&キャリア研究家
楠木 新

小学館

はじめに

もう30年以上も前から私にとってメンター（優れた助言者）ともいうべき存在の人がいます。Hさんは、私の会社員当時の先輩で、現在は73歳。生命保険会社で55歳まで勤め、退職後は保険関係の仕事で起業して活躍しました。

彼は事業が一段落すると、60代後半から自宅で母親の面倒を最後まで自分でみると決めました。それまで料理もほとんどしたことがなかったのですが、毎度の食事もすべて彼がつくり始めます。レシピを見ながら献立を考えるのも楽しくなってきました。

同時に、彼自身が「70代以降の老後をどのように過ごせばよいか」を母親の介護をしながら考えたそうです。

介護は、母親が80代後半から92歳になるまで続きました。小さい頃から何でもできると思っていた母親が徐々に弱っていく姿を目のあたりにするのは辛くて、やりきれない気持ちになることもありました。そして「やはり人は、最後は朽ちていくのだ」というのが最終的な実感だったそうです。

彼が母親の介護を通して学んだこと。それは、70代以降の人生は、死ぬことや最期の迎え方を考えるのはなるべく遠ざけて、できるだけ「今」を楽しんだ方が幸せだということでした。

彼は今、趣味として取り組んできた音楽の練習を仲間と一緒にするのが楽しくて、特に他愛もない話を語り合えることが一番だといいます。70代になって、自分の好きなことに取り組む「オタク」の大切さがわかってきたとも語っていました。音楽のレベルは別として、昔の仲間との会話や、新たに加入したグループで演奏会に向けて一緒に練習する機会が何より心地よいそうです。

「若い時には、グダグダした会議や打ち合わせには全く興味がなかったが、その変化に自分も驚いている」と、彼は語ります。現役時代の時間を無駄にしない仕事ぶりを知っている私からすると、意外な発言です。彼の姿を見て、人は70代にもなれば、楽しいことをして好きに生きるべきだとあらためて感じました。

私は、ここ20年ほど中高年の会社員を中心に取材を続けてきました。その間の世間の大きな変化の一つは、第二、第三の人生があると誰もが気づき始めたこと。定年後にも長い人生が待っているという認識が、ここ数年で一気に広がったのです。

65歳時点の平均余命は、男性で20年、女性で25年あります。年齢でいうと、平均で各々85歳、90歳まで生きる計算になります。寿命は今後も延びると予想されているので、まさに人生100年時代の到来です。団塊の世代が70代半ばになったことも、第二、第三の人生を考えることの重要性に拍車をかけているのでしょう。

現在、高齢期の生活については、食事や栄養にも留意して適度な運動を行うといった身体的な健康維持に重点が置かれています。また若さを保つことが強調されて、老いることを食い止めるアンチエイジングの対応もよく取り上げられます。そこでは、できるだけ長く生きることが目標になっています。

それも大事ですが、私はむしろ延ばしてきた寿命の中身をどのように充実させるかに注力すべきだと思うのです。身体的な健康や見た目を若返らせることが目標になると、どうしても老いることを軽視しがちになります。

最も大切なことは、老いていくことに新たな価値を見出す姿勢ではないでしょうか。できないことが増えるにしても、できることを楽しむ、自分が持っていないものではなく、持っているものを好きになる。こういう態度こそが健やかに楽しく暮らすことにつながるという感触を持っています。

年齢の幅が数十歳もあるというのに、高齢者を一律にとらえていることにも違和感があります。68歳の私と91歳の母親は、同じ高齢者といっても、活動できる範囲や周りからの援助の有無、欲しているものも全く異なります。加齢に応じた過ごし方の変化があることを前提に、どう生きるかを考えるべきでしょう。

統計的なデータによれば、人は概ね75歳前後から、医学的、経済的、社会的に人生のステージが大きく変わります。心身の衰えにより、徐々に自立して行動することが困難になってくるからです。お金があっても有効に使えなくなり、脳の衰えによってお金の管理もできなくなる可能性があります。仕事も限定的になり、人間関係も希薄になることは避けられません。

そして、その時代をどう生きるかについて考えておくことは、定年後をどう生きるかを考えておくことと同じくらい、重要な課題となっているでしょう。

人生を最後まで豊かに生き抜くためには、自分自身が元気なうちに「75歳からの生き方」を考えておき、できればノートなどに記しておきたいものです。私自身はそれを人生の「リ・スターティングノート」として、生涯、活用したいと考えています。

この「リ・スターティングノート」の二つの重要な項目である「やりたいことリスト」と「自分史シート」の具体例を、すぐ後ろに記載しました。私が75歳からの生き方を考えるために記しているものの一部です。

「やりたいことリスト」は文字通り、年齢に応じてやりたいことを思いつくままに記したものです。「自分史シート」には、私の中学生時代と会社員時代の「記憶や印象に残っている出来事」を簡略化して記載しています。

なぜ、「自分史」を振り返る必要があると考えたのか。年齢を問わず、「将来、やりたいことは何か？」と問われ、即答できる人は意外と多くありません。

例えば、定年を迎え、長く所属した組織を離れた人は、「自分はいったい何者か」と自問自答することがよくあります。「○○会社の課長です」と簡単に説明できる〝肩書き〟がなくなるからです。その問題を解決するためには、年代別に自分はどのようなことを考えて、何に興味を持ち、どんなことに感動したかを振り返ることが有効だと思います。あの時に別の選択をしていれば違う道があったかもしれない、あの人との出会いは本当に偶然だったのだろうか、あの時代に一度戻ってみたい、などと反芻《はんすう》することが、自分を知ることの近道ではないでしょうか。

やりたいことがなかなか思い浮かばない人は、ひとまず「自分史シート」を書いてみてほしいのです。実は、そのなかに将来やりたいことのヒントがあることが少なくありません。自分の歩んできた道を丹念に綴っていくと、死ぬまでに自分が何をしたいのか、何をやり残していると考えているのかが、だんだん浮き彫りになってきます。

いきなり完璧なものを作成しようとするとうまくいきません。思いついた時にでも少しずつ書き足していきましょう。私もそうしています。

書式などにもこだわらず、ノートや手帳に記録したり、単なるメモに残したり、巻末の見本をコピーして使ったりしても良いと思います。パソコンを使っている人は、ワードやエクセルを活用すると、書き足したり上書きしたりするのが楽になります。ブログやSNS（ソーシャル・ネットワーキング・サービス、ネット上の交流サービス）などの定型の枠組みの中に随時書き込むことでも良いでしょう。

また、一度、書いたことでも、見直しているうちに、すぐに実行できそうだと思い直したことがあれば、元気なうちにどんどん実行していくべきだと思います。

加えて、私はやりたいことを実現していくために、お金の管理も独自の方法で行っています。家計簿をつけるのはとても面倒で長続きもしないので、ざっくりと自分の資産の現状を把握するための「財産増減一括表」なるものを編み出し、30年以上にわたって続けています。半年に1回程度の記録だけで、うまくお金が管理できています。

私の75歳からの「リ・スターティングノート」は、「やりたいことリスト」と「自分史シート」を2本柱に、「財産増減一括表」やその他の遺言的なメモを今後作成していくことで完成します。これはエンディングノート代わりにもなるので、一度、作成してしまえば、自分にとっても家族にとっても重宝できるものになると思います。

これらの「リ・スターティングノート」について、巻末に私の使用しているものをよりシンプルにアレンジした「書き込みシート」と記入見本をまとめてありますので、参考にしてみてください。

本書は、定年後の60代から新たな仕事に挑戦していたり、80代になっても現役バリバリで働いていたりするなど、第二、第三の充実した人生を過ごしている人たちへの10年、500人以上に及ぶ取材をもとに、75歳以降も、より豊かに生きるための指針や方策を提案するものです。「こういう生き方が理想」と呼びかけるものではなく、多様な生き方を紹介し、年齢を重ねることに価値を見出してもらう点に主眼を置いて綴ったつもりです。皆さんがより楽しく、より充実した人生を過ごすためのヒントとなれば、これ以上の喜びはありません。

※楠木 新の例

リ・スターティングノート①－①

やりたいことリスト（70歳～75歳頃）

◉新聞や雑誌の連載を続ける

『夕刊フジ』に「定年後の居場所」と題した連載を5年、200回以上続けてきた。次は、「75歳からの生き方」に関する連載を立ち上げたい。

◉ノンフィクションの執筆

生まれ育った「神戸新開地」界隈《かいわい》で暮らす人々や出身者たちの人間模様を描きたい。現時点での仮タイトルは「神戸新開地を通りすぎた人たち」。

◉生き方道場「楠木流」の立ち上げ

現在、開催している少人数の生き方を研究するゼミナールを継続、発展させる。参加者が「いい顔」で過ごせるように貢献する。

◉ラジオのレギュラー番組を持つ

番組名は「神戸で過ごす定年後」。パーソナリティーとして出演し、定年後を豊かに生きる人たちの紹介や、神戸の街の話題を語り合う。大好きな「70年代ヒット歌謡曲」も流したい。

◎実現に向けた具体的な行動・目標

◉ノンフィクションの執筆

神戸市内で歴史案内のボランティアをするなどして、知見を深める。取材対象者の個人年表を作成してみる。連載できそうな媒体を自分で探す。

リ・スターティングノート1－②

やりたいことリスト（75歳～85歳頃）

◉講演・執筆活動を続ける

どんな内容でもどんな小さな形でもいいので、

自分自身が感じたことや考えたことの情報発信を続ける。

◉地元の子どもたちへのボランティア

夜間中学校の手伝いや無料学習塾の講師などの活動に取り組む。

金銭的な支援も検討していきたい。

◉寄席でのボランティア

出身地にある落語の定席「喜楽館」の運営を手伝う。

芸人や演芸にも触れ続けたい。

◉最後の昼食の予行演習

75歳からは、「最後の晩餐《ばんさん》」ならぬ「最後の昼食」の予行演習を

頻繁にやりたい。何を最後に食べたいかのリストを作り、随時更新していく。

◉実現に向けた具体的な行動・目標

◉講演・執筆を続ける

日々の生活を今以上に大切に、まずは己を磨く。同年代の人たちとの会話も

充実させながら、老年期の生き方について書き続ける。

※楠木 新の例

リ・スターティングノート②－①

自分史シート 中学生時代（1967年～70年頃）

◎記憶や印象に残っている出来事

1967年4月 野球部に入部して親友が増える

野球部の仲間と遊び回り、ダベり倒す毎日。部活動を終えてからも、

銭湯などに集まり、2～3時間ほどワイワイ語り合う。プロ野球観戦、

映画・演芸場、ゲームセンターなどで一緒に遊ぶ日々が続いた。

1968～69年 演芸にハマり芸人に憧れる

地元の神戸松竹座という演芸場に通い続けた。松竹座の裏にある銭湯で、

当時大人気だったレツゴー三匹のじゅんちゃんがギャグをしてくれて、

体が震えるほど感動。2014年に彼の葬儀に香典を持って参列した。

スポットライトを浴びて、舞台の上で観客を喜ばす芸人の姿に憧れる。

1970年1月 雑誌に投稿が掲載される

格闘技が好きで、全日本プロレスの観戦などに行って選手らのサインをもらう。

愛読していた『プロレス&ボクシング』の「読者のリング」コーナーに

投稿が掲載される。タイトルは「ありがとう F・原田」。

この時に掲載された喜びが執筆活動の礎かもしれない。

自分史シート 新入社員時代（1979年～82年頃）

◎記憶や印象に残っている出来事

1979年4月 生命保険会社に入社

入社当初は、実家近くで暮らしていたオジサンたちと違って、
サラリーマンがよく働くことに驚く。支社長の指示は絶対で大半が黙って従う、
仕事が終わっても支社長が事務所を出るまで帰らない上司・先輩ばかりだった。

1980年2月 入社1年を待たずに転職を考える

支社での仕事は、営業数値の取りまとめと、保険販売で優秀な成績を挙げた
職員に対する行賞旅行やパーティーの手配、顧客向けの講演会を実施する
段取りなどだった。雑用ばかりに思え、1年を待たずに、転職活動のため神戸
市役所の願書を取り寄せた。結局、思いとどまり、入社3年目頃から自分で仕
事を回せるようになり、仕事が俄然《がぜん》充実して楽しくなってきた。

1980年～82年 「ひとり立ち」を実感

気ままな学生時代から一転、地元を離れてアパートでひとり暮らし。
当初は友人もできず、このままで良いのかと自問自答することもあった。
しかし、上司や同僚との会話も増えたことで次第に前向きになり、
職場内に友人も増える。社会人としてのひとり立ちを実感した。

※楠木 新の例

リ・スターティングノート2－③

自分史シート 中堅社員時代（1990年～98年頃）

◎記憶や印象に残っている出来事

1990年4月 人事部に異動

法人営業の仕事から人事部に異動。労働組合の窓口や採用・異動・考課などの仕事に取り組む。個々の社員に思い入れを持ち過ぎて失敗した経験も。組織の中で一定の距離をおいて仕事をする必要性があると学んだ。

1991年 採用活動にのめり込む

バブル後の最も採用が多かった時期に、採用担当になる。当時の採用数は年間40人近くに上った。30代で採用の可否を決めることを任され、大いにモチベーションが上がる。採用が佳境に入る頃は、寝る間を惜しんで選考に励み、36年間の会社員生活時代のなかでは、最も思い出に残る仕事。

1992年～98年 人事評価について考える

日々の仕事を通して組織内での人事評価のあり方について考えるようになる。この頃、「誰もが自分のことは周囲よりも3割程度高く評価している」「出世のポイントは、エラくなる人と長く一緒にいることができる能力」などの思いが頭をよぎり、2011年に出版した著書『人事部は見ている。』のヒントがたくさん得られた時期だった。

リ・スターティングノート②－④

自分史シート 休職前後の時代（2000年～05年頃）

◎記憶や印象に残っている出来事

2000年 定年前後の働き方に悩み出す

支社長を経験した後に、関連会社に出向になり、主に労働組合の対応を中心とした仕事を担当する。40代半ばを過ぎて、このまま会社で働き続けることで良いのかと真剣に悩み始める。関連会社の役員は本部で部長職を経験していた人がほとんどだった。この頃、高校の同級生からの依頼で大学の非常勤講師を始める。

2002年 「うつ状態」に陥って休職

2002年4月、営業部門の統括責任者への異動。栄転だったが、高い役職を確保したい欲求と、会社の外で何かを発信したい気持ちとの葛藤を抱える。心身のエネルギーを消耗する日々が続き、病院に行くと「うつ状態」と診断される。以後、3回の休職を繰り返し、2年半ほど体調がすぐれない時期が続いた。

2005年4月 社会人大学院に入学

会社に平社員として復帰するも労働意欲を失い、情報発信のための取材活動に励むようになる。特に、中高年になってから別の仕事に転身した人の話に興味を抱く。取材や研究活動のために、社会人大学院にも入学し、同級生から様々な刺激を受ける。総勢150人を超える転身者の取材をこなし、新聞のコラム連載を始める。この時期の活動が、著述業として独立することや、定年後に大学の教員に採用されることにつながる。

目次

第2章 75歳からの居場所の見つけ方

第3章 定年後の〝孤立〟から抜け出す

PTAの仲間との付き合いが新たに発展……113
「ズーム同期会」で和気あいあい……115
手っ取り早く同窓会を開く方法……117
定年後こそネットのつながりを活かす……120
夫婦間の意思疎通は怠らない……123
誰もが「ひとり暮らし」に備えるべき……126
定年後に身につけたい「家事力」……128
「聴く力」よりも「驚く力」が大事……131

第4章 一生お金に困らない生き方

第5章 人生の終着点をどう考えるか

第1章

75歳が新たな分水嶺

70代で終活を考えるのは時期尚早

コロナ禍の前に、新聞社主催の終活フェアで講演したことがあります。百貨店の会場に到着した時には、広い場所に人がひしめき合っていました。終活という割には、にぎやかで明るい雰囲気だったのが意外でした。

葬祭関係業者、遺言や相続の相談所、老人向け施設の案内、保険代理店、旅行会社などの各ブースでは来場者にいろいろと説明していました。なかには棺桶《かんおけ》に入るコーナーがあり、自分の葬儀の際に使う写真についてレクチャーを受けている人もいました。

講演会は80席の椅子がすべて埋まり、70代中心の参加者が真剣に耳を傾けてくれたので気持ち良く話すことができました。

目の前の講演を聞いている人たちの顔を見て確信したことがあります。この会場に来ている人たちは本気で終活の準備をしたいわけではない。むしろ誰もが残り少なくなる人生を前向きに生きたいと願っているのだということです。そう考えれば、会場の明るい雰囲気も、棺桶に入った人の笑顔や葬儀に使う写真について楽しく語り合っている姿にも合点がいきました。

ブースで提供しているサービスと来場者が求めているものとの間にはギャップがあると感じました。彼らが本当に望んでいるのは終活ではなく、70代以降の人生を充実して過ごせるサービスなのでしょう。

また75歳以上の高齢者が自ら死を選択し、それを国が支援する制度が日本で実施されるという内容の映画『ＰＬＡＮ75』が２０２２年6月に公開されました。日本の高齢化社会に生じる諸問題の解決策として実行されるという想定です。主人公は名優・倍賞千恵子さん。私の地元、神戸にある映画館は、70代半ばの人たちで満員でした。この映画には安楽死の問題が背景にあります。

映画のエンドロールを見ながら、私は75歳で安楽死は早すぎると思いました。「他の人はどのように感じたのか?」が気になって、映画館から次々と出てくる人たちを観察してみても、何か十分に納得していない表情の人が多かったのです。やはり彼らや彼女たちが望んでいるのは、生死の選択ではなく、次のライフステージに臨む新たなヒントだと思いました。先ほどの終活セミナーと同様なことを感じたのです。

その後、とある講演会で、私が映画『PLAN75』の内容を説明して「もし、映画『PLAN85』だとすれば、皆さんの受け止め方に違いはありますか?」と聞いてみると、会場の雰囲気が一瞬ピリッとなりました。

85歳という前提であれば安楽死のことが一瞬頭をよぎったのかもしれません。いずれにしても70代で終活を考えるのは時期尚早だといえそうです。

聴講者は75歳以降の生き方に関心

私は、２０１７年４月に出版した『定年後』（中公新書）という本で、60歳から74歳までは、「黄金の15年」と名付けました。この期間を充実して過ごすことが人生において非常に大切だということを主張したのです。

75歳からの生き方を検討する前提として、この定年時の60歳から74歳までの生き方について少し振り返っておきます。当然ながら人生は途切れずに続いていて、いきなり新たな自分が出来上がるわけではないからです。

この年代は、まだまだ心身ともに健康な人が大半で、現役の時に比べて細かいことを指導する上司もいなくなり、仕事における責任もぐっと楽になります。また家族に対する扶養義務も軽くなります。もちろん親の介護で大変な人もいますが、背負う荷物はかなり軽くなるのです。

私はよく、地方公共団体や地域の社会福祉協議会、高齢者に学びの場を提供している各地のシニア大学から講演を依頼されます。参加者は概ね60代が3割、70代が6割で、残りが50代と80代という構成になることが多いようです。

そのため、74歳までの「黄金の15年」の話だけでは、訪れた人々の関心に応えられません。「黄金の15年」の後半に入った68歳の私も、70代半ば以降をどう過ごすかに興味が移りつつあります。

先日のシニア大学の講演では100分の時間があったので、前半は、「黄金の15年」のこと、後半は75歳以降のことを中心に話しました。後半の話の方が聴講者の反応がよかったことを実感しています。

帰り際に主催者から、「来年の同じ日に75歳以降をテーマに話してください」と依頼されました。昨今の主催者や参加者が望んでいるのは、やはり「黄金の15年」の後の75歳以降の話なのです。

定年後から死ぬまでを一律に考えるな！

皆さんも実感されているでしょうが、高齢期は体力、気力ともに個人差がどんどん広がっていきます。70代を超えた夫婦がともにフルマラソンを走っている例もあれば、近所のスーパーに行くのにも介助が必要な人もいます。その個人差を評価する際に、年齢はやはり大きな指標になります。

そもそも高齢者とは何歳からかを考えてみると、世界保健機関（ＷＨＯ）では、65歳以上だと定義しています。

内閣府は国民の高齢者に関する意識調査を定期的に行っています。そのなかの「一般的に高齢者だと思う年齢」の調査（２０１４年3月発表）によると、「70歳以上」

が42・3％で最も高く、次いで「65歳以上」（22・1％）、「75歳以上」（15・1％）、「60歳以上」（9・2％）、「80歳以上」（7・5％）などの順でした。国民の意識としては、70歳以上を高齢者ととらえていると考えてよさそうです。

先述しましたが、68歳の私と91歳の母親は、同じ高齢者といっても、活動できる範囲が全く異なります。90歳を過ぎれば、自立してひとりで暮らすのは難しく、母親も軒先で転倒して救急車で運ばれたことをきっかけに施設に入りました。

高齢期になると、食事や栄養、運動にも留意するといった身体的な健康維持に重点が置かれがちです。しかしすべてが衰えて喪失していくわけではありません。多様な観点から物事を見ることができる、弱い立場の人により共感できる、自然に対して心を開き感動できるなど、新たに得るものも少なくありません。

年を重ねることは誰にとっても避けられません。むしろ自分の内面に向き合って、老いることのなかに意味を見出すことでしょう。その姿勢が健やかに楽しく暮らすことにつながるのではないでしょうか。身体的な健康だけではなく、高齢期にも加齢に応じた過ごし方の変化があることを前提に考えるべきではないでしょうか。

多くの人が80歳まで元気に過ごす

それでは年齢のこと、すなわち還暦である60歳以降のことをどのように考えていけばよいのでしょうか。よく使われるのは、平均寿命、平均余命、健康寿命などの概念です。最近は、資産寿命なる言葉も出回るようになりました。

厚生労働省が2022年7月に発表した「令和3年簡易生命表の概況」によると、2021年の男性の平均寿命は、81・47年、女性は87・57年です。男女とも毎年少しずつ延びています。65歳時の平均余命で見れば、男性は19・85年、女性は24・73年になっていて、現在65歳の人は男性で85歳まで、女性は90歳まで平均で生きる計算になることは、先述しました。

健康寿命とは、平均寿命のうち、健康で活動的に暮らせる期間です。WHOが提唱した指標で、平均寿命から、衰弱・病気・認知症などによる介護期間を差し引いたものです。これも厚生労働省のHPにある資料によると、2019年の健康寿命は、男性は72・68歳、女性は75・38歳になっています。

平均寿命と健康寿命の差は、日常生活に制限のある「不健康な期間」を意味すると資料は指摘していて、2021年の平均寿命と2019年の健康寿命の差異を比較すると、男性は8・79年、女性は12・19年になっています。

この資料によると、健康で過ごせる健康寿命は、男性で73歳、女性で75歳ですが、実感としてはもう少し長い感触を私は持っています。

話を聞いている限りでは「大病しなければ80歳まではひとりで大丈夫」という人が中心だといっていいでしょう。

75歳から健やかに暮らす知恵が大切

60歳以降の人生をどのように過ごしていくかを考える際には、60歳から74歳までと、75歳以降、それに最期を迎える直前の期間の三つに分けることが妥当だと私は考えています。

東京大学高齢社会総合研究機構の秋山弘子客員教授は、「長寿時代の科学と社会の構想」のなかで、長年携わってきた全国高齢者調査の結果を紹介しています（『科学』２０１０年1月号）。

この調査は、全国の60歳以上の男女を対象として二十数年にわたり加齢に伴う生活の変化をフォロー。約６０００人の高齢者を対象にしています。お風呂に入る、電話をかける、電車やバスに乗って出かけるといったごく普通の日常生活の動作を人や器具の助けなしでできる、つまり自立して生活できる能力が加齢に伴い変化する状況を男女別に示しています。

この調査を見ると、一部の人は70歳になるまでに健康を損ねて死亡するか重度の介助が必要な状態になっています。一方で、男女とも8割から9割近くの人は、いわゆる後期高齢者に該当する75歳以降から徐々に自立度が落ち始めています。

大半の人は75歳くらいまでは、他人の介助を受けずに自立して生活できるのです。

これは取材における私自身の実感ともかなり合致しています。

65歳から74歳までの前期高齢者と75歳以降の後期高齢者は、ライフステージが大きく変わります。介助を受けながら生活することは、それまでの生活や仕事とは明らかに一線が引かれるからです。そこでは場合によっては他人の助けも借りながらどのようにしてイキイキと暮らすかの知恵が試されます。

もちろん人によって年のとり方には幅がありますが、私の取材でも、70代後半から新たなことに取り組むのは簡単ではないと何度か感じたことがあります。

また誰もがピンピンコロリ（ＰＰＫ）の最期を望むかもしれませんが、この資料からも、心身ともに徐々に衰えていく人が大半です。皆さんも実際に周りを見ていて、そう感じるのではないでしょうか。最期を迎える時期になると、また違ったライフステージに突入すると考えていいでしょう。

75歳以降は、心身の老いを感じながらも楽しく健やかに暮らす知恵が試されます。状況によっては、他人の助けも考慮に入れなければなりません。健康だけでなく、仕事をどうするのか、どのような介助を受けるのか、どこに住むのか、貯めたお金をどのように使うのかという生活上の課題も含まれるでしょう。

当然ながら現役時代の働き方や、黄金の15年の過ごし方が75歳以降の生き方に影響を与えることはいうまでもありません。

また、第二次世界大戦後に寿命は急激に延びているので、参考にできる前の世代の実例はありません。私たちの世代で、自分たちの新たな生き方を模索していくことが求められています。

水の江さんの「生前葬」が成功した理由

知人の80歳を越えた母親は、「このままだと今までお世話になった人にお礼をいう機会がもうないかもしれない」と、ため息をついたそうです。また別の80代の女性も「私の葬儀に誰も来てくれないとしたら、どこで感謝の気持ちを伝えればいいの」と語っていました。最近は、家族葬が増えて、知人が出席することも減りました。コロナ禍もあって人が集まる機会が少なくなったこともあるのでしょう。

ある時、「鹿児島県の知覧の特攻隊に在籍していたが終戦で出撃を免れた」と語っていた人の葬儀がありました。90代で亡くなったその男性のビデオが流れましたが、子どもや孫との写真ばかりで、自宅の床の間に飾ってあった彼の戦闘服姿はありませんでした。70代の知人男性は、故人はその様子をビデオで流してほしかったのだろうと思ったそうです。自分の葬儀では、自ら語ることも、お礼をいうこともできません。

その時思い出したのは、「ターキー」の愛称で親しまれた元女優で、映画プロデューサーとしても活躍した水の江瀧《たき》子さんの生前葬のことです。ＳＫＤ（松竹歌劇団）のスターで「男装の麗人」として一世を風靡《ふうび》しました。石原裕次郎さんを世に送り出し、浅丘ルリ子さんらも発掘した人です。

１９９３年2月に都内のホテルに５００人が集まり、翌日に78歳の誕生日を迎える水の江さんの生前葬が開かれました。彼女は「生きている間に、お世話になった方にお礼がしたい」と考えたそうです。

舞台引退時の〝遺影〟を前に、水の江さんは参列者を迎えました。当日の葬儀委員長は森繁久彌さんが務め、俳優の西村晃さんは、「一度でいいからターキーを抱きたかった」と弔辞を述べ、横に座っていた水の江さんが爆笑していました。生前葬の翌日、水の江さんは、永六輔さんに「あんたも死んでごらんよ。いい気持ちの朝だよ」と話したそうです。

その16年後の２００９年11月に、水の江さんは老衰のため亡くなりました。94歳。葬儀は近親者で済ませました。新聞記事によると、近親者のひとりは「自然に、静かに亡くなりました。生前葬も済ませてますので身内だけで静かに送りました」と語ったそうです。

水の江さんのように、生前葬を通して、お世話になった人にお礼を述べるとともに、自分の人生に一旦区切りをつけて、新たなステップに進むという手もあると思うのです。

会社員だった自分との決別が肝心

私の知人と同じ放送会社で働いていた先輩は定年退職日に生前葬を行ったそうです。大阪の結婚式場に会社の仲間や取引先を招いて、生まれ変わって登場する時には、ドライアイスの煙の中、ゴンドラに乗って降りてきました。そこで仕事でお世話になった人たちにお礼を述べたのです。

実は8年前、私も定年退職した日の夕刻に、大阪駅前のホテルの宴会場で生前葬を実施することを思いつきました。会社員としての自分が一旦死んで、定年後に新たな自分が生まれるという儀式にしたかったからです。そこから第二の人生につなげていく算段でした。この生前葬のアイデアを話すと、同じ職場の女性たちは面白いといって、当日は手伝いに行くとの申し出もありました。

実施するなら葬儀社の会館よりもシティホテルの小さな宴会場がいいだろうと考えました。ホテルの同窓会プランを参考に立食形式にすれば、飲食だけでひとり1万円程度でした。

ところが、具体的に考えるといろいろなことが気になり始めました。誰を参列者として招待するか、当日の服装は白装束か、棺桶の中に自分も入るのか、遺影の写真はどこで撮るか、本物の僧侶を呼ぶかどうか、会場で流す音楽をどうするか？　自分の一生を示すビデオにどの写真を入れるのか？　弔辞《ちょうじ》を誰に読んでもらうか、棺桶《かんおけ》から飛び出した時のスピーチをどうするか、その時の服装はタキシードか、など。

これらを検討するだけでも、新たな定年後の人生に移行するための一つの儀式になると実感しました。会社員としての自分ときちんと決別することは、今後の働き方や生き方につながっていくからです。生前葬の効果としては、関係者へのお礼と、新たな生き方を充実させるという二つの側面があるといえそうです。

今後のために75歳で一度死んでみる

60歳の定年退職時に検討した生前葬は、今から考えても悪くなかったと思います。皆さんだったら自分の生前葬を行う時に、どんな準備をしますか？

自身の生前葬のイメージを聞いてみると、葬儀で流す音楽を口にする人が少なくありません。ちなみに水の江さんの生前葬では、多彩な歌やいろいろな宗教の音楽が披露されて、最後の『聖者が町にやってくる』では、手拍子まで加わって陽気に盛り上がったと永六輔さんは著書『大往生』に書いています。

大学に勤務していた時に、一般の人を対象にした講座で、自分の葬儀の時に流したい曲を会場の人に紙に書いてもらったことがあります。当然ながら人によって異なっていましたが、複数の回答があったのは、モーツァルト『レクイエム』と日本の童謡『ふるさと』でした。

余談ですが、母親が入居していた老人向け施設で、面会に来ていた子どもたちが90歳くらいの母親に何度も歌っていたのも『ふるさと』でした。故郷は思い出の場所だけにとどまらず自分の還る道筋ではないかと考えたものです。

生前葬という予行演習の準備は大変でも、現在の自分ときちんと決別して今後を生きることにつながるように思えます。

極端にいうと、生きているうちに、死んで蘇るのです。

現在（2022年度）、私は大学院の聴講生として、文化人類学を学んでいるのですが、人の一生は、誕生、命名、入学、成人、就職、結婚、出産、育児、還暦、死など、いくつかの節《ふし》からなっています。こうした節目は、個人が属する集団内での身分の変化と新しい役割の獲得を意味していて、その儀式には「死と再生」のモチーフがあります。先ほど述べた75歳は、人生の重要な節目なので大切にするべきでしょう。生前葬をして「75歳で一度死んでみる」というのも悪くないのです。

誰もが将来に希望を持っている

70歳直前の友人は、そろそろ終活の準備をしようかと図書館で数冊の本を借りてきました。遺言書をどう書くか、葬式をどのようにするか、遺骨を納める墓をどうするか、戒名を決めておくのかなど、多くの検討課題を書き込むエンディングノートなるものもあります。ところが、いざ始めてみると、彼は今から準備をするのに違和感があったそうです。私と同年代だからまだまだ生きる方に重点があるからでしょう。

家族にいちいち指示しなくても、相続の配分くらいだけを想定しておいて、あとは老後を気楽に楽しく過ごすことに注力すべきではないでしょうか。また妻や子どもに伝えたいことがあれば、エンディングノートに書き込むよりも、すぐに口に出して感謝の気持ちを伝えたいものです。

いずれは誰もがあちらの世界に行く決まりです。輪廻転生《りんねてんしょう》を信じるかどうかは別として、死が近づくのは次の世界に行くためのスタートでもあるでしょう。今過ごしているこの世界は、終わりだけに向かっているのではなく、同時に始まりでもあると考えても良いのではないでしょうか。


父母の介護の時に、老人向け施設やデイサービスで行われている幼稚園のようなレクリエーションやお遊戯などに何か違和感が残りました。入居者の一人ひとりはもっと自分なりにやりたいことがあるはずです。一律に運営するためには仕方がない面はあるのでしょうが、新たに何かをするといったイメージが感じられませんでした。

老人向け施設で介護に携わっている人が、ひとりずつに好きなこと、やりたいことを聞きまわったという体験を読んだことがあります。「パチンコに行きたい」「老舗の店でウナギが食べたい」などの希望にできるだけ応えるようにしたのです。

「もう一度、海水浴をしてみたい」という入居者を抱きかかえて海に入ったこともあるそうです。

個々人の希望を叶《かな》えようと実行した結果、寝たきりのおじいさんが起き上がったり笑顔が増えたりしたそうです。

私の知人の女性はがんで余命を宣告されていましたが、「弘前の満開の桜を見たい」との希望を語ったので、周囲の人が協力して車椅子で現地に行って願いを実現しました。彼女は何ともいえない満足した笑顔だったそうです。

たしかに年をとると、身体的な健康や容姿が衰えてくるのは仕方がないでしょう。若い時と同じというわけにはいきません。しかしすべての能力が低下して、新たなことができないということではありません。

内面的な成長や成熟という観点からみると、逆に老齢期こそ本領を発揮できる余地があるのです。

「リ・スターティングノート」を作成

まだまだ元気に楽しく過ごしたいのであれば、70代から再スタート（リ・スタート）する意味で、仕事やお金、人間関係、ノスタルジーなど、自らの最期に至る道筋を明らかにする「リ・スターティングノート」を作成してみるのはどうでしょうか。もちろん家族や世話になった人へのお礼の言葉、これからの若い人に対する応援行動が含まれていても良いと思うのです。

年を経ると、どうしても終了に向かって進むイメージを持ちがちです。しかしエンディングノートは一旦棚に上げて、今から何か新しいものに取り組む、「リ・スターティングノート」を作成し、生きる指針とするのです。

エンディングノートのような型や煩わしさは一切ありません。書きたい時に書きたいことだけ書けばいいのです。書きながら、書き足したり、書き直したりしていくことも一つのポイントです。先に掲げた私の「やりたいことリスト」と「自分史シート」は、この「リ・スターティングノート」の核となる情報です。「やりたいことリスト」がスラスラ書ける人はそれだけ書けば十分だと思います。

この考え方のヒントになったのは、ハリウッド発の映画『最高の人生の見つけ方』です。作品では、勤勉実直に働いてきた自動車修理工（モーガン・フリーマン）と仕事に人生をささげた大富豪（ジャック・ニコルソン）が、ともに余命宣告を受ける病をきっかけに病院で知り合います。二人は、「死ぬまでにやりたいことリスト」を作成して、専用ジェット機をチャーターしてスカイダイビングで空を舞い、レーシングカーに乗って互いに競争したり、サファリパークに足を運んだりします。

しかし、「死ぬまでにやりたいことリスト」となると、目標が壮大になりすぎ、絵に描いた餅に終わってしまうことが少なくありません。それゆえ、私は向こう3年以内、5年以内などと期間を区切って、「やりたいことリスト」を作成してみることを提案しています。繰り返しになりますが、一度つくっても適宜、アップデートした方が感情の変化を感じられてより楽しくなります。このなかに、遺言を書くといったエンディングノートに入れ込むような内容が入っても良いと思います。

のど自慢に挑戦したい、M―1の予選に出場する、吉本新喜劇を生で見たい、ワインのソムリエになりたい、地元の歴史を掘り下げたいなど、何でも良いでしょう。

非日常的なことだけでなく、生活に根差した新たな項目を付け加えてもいい。パートで新たな仕事をやってみる。楽器を始めてみる。興味のあった料理を本格的に学んでみる。美術館巡りをしてみる。どんなことでも人生のスタートのきっかけになります。生前葬は誰もが実施できないにしても、「生前葬というケジメ」と同じ効果を持つ「リ・スターティングノート」なら、作成できるのではないでしょうか。

収入のある仕事に就くことだけが生涯現役ということではありません。職業であれ、ボランティアであれ、趣味であれ、学びであれ、次章で述べる「自分なりの居場所を持つ」ことが現役の定義なのだと、私は思っています。現役であることが高齢期を最後まで「いい顔」で過ごすことにつながるのではないでしょうか。

75歳から生き直すために必要な準備

定年退職を目前にしたライフプラン研修で講師を務めた時に、「退職後は何か趣味を探すか、ボランティアでもやってみるよ」という声を聞くことがあります。

しかしそういうスタンスでは、自分なりのやりたいことを見つけるのは簡単ではありません。新たな人生の道筋は、自分の過去の人生と向き合うなかで現れてくることが多いからです。他人が提唱する法則やノウハウに頼っても、そこには解答がない場合が多いものです。本当に役立つのは、自ら歩んできた道筋なのです。

75歳になっていきなり何かを始めようとしても意外とうまくいきません。何事にも一定の準備時間は必要です。75歳以降の期間を充実して過ごすためには、事前に準備しておいて発射台を高くしておいた方が無難です。たとえるなら、立ち幅跳びと走り幅跳びとでは、跳べる距離は、2〜3倍の差が出ます。スポーツも人生の目標も、助走期間が長ければ長いほど幅が広がるのです。

医学的には、概ね75歳を過ぎれば、心身の状態は現状維持ができれば十分ということになります。しかも何の準備もなく迎えれば、老いはさらに加速することになるでしょう。75歳の区切りを順調に乗り越えるには一定の備えが必要なのです。

私は60歳で生命保険会社を定年退職。3年間の無職を経て、63歳から大学で教えていましたが、67歳で大学の教員を退職しました。当初はもう少し長く在籍するつもりでしたが、70代以降にやりたいことに取り組むためには、間に合わなくなると考えて決断しました。

とはいえ、「今までの自分」と「75歳以降の自分」とを完全に切り離すことはできません。両者をつなげながら、うまく移行していく営みが求められます。今は仕事や介護や家事などで忙しくて時間がないという人も、少しずつでもいいので、75歳以降にやりたいこと、自分に向くものがないか、常々、意識しておきたいものです。

自身のキャリアを否定してはいけない

この「リ・スターティングノート」作成の過程で一番大切なのは、自らの可能性を信じる力、探る力だと思っています。可能性を広げようとするのではなく、むしろ絞り込むことです。特に、自分に合ったもの、関心のあるものに焦点を当てるとよいでしょう。

本当に自分が好きなこと、やっていて気持ちが良いこと、「これをやっている時が一番なのだ」といえる自分なりの居場所を確保することが肝心です。高齢期の「もう一度人生が始まるタイミング」にスポットを当てて「リ・スターティングノート」を作成するのです。

ちなみに、現時点で書き込む内容が見つからない人はどのようにして探し出せばいいのでしょうか。うまく生きている人たちの経験談をまとめると、多くの場合、自分の過去の経験から抜き出している人が多いように感じています。

具体的には三つのパターンに分けられます。

一つ目は、「長く取り組んだ仕事の延長線上から」です。実例として、もともと役員秘書をしていた女性が、書籍などで行儀作法を学んで、カルチャーセンターでビジネスマナーの講師を務めている例があります。また生命保険会社の社員が、営業スキルを活かして、取引先の若手営業マンを指導する仕事に転身した例もあります。

二つ目は、「子どもの頃に興味や関心があったことから」です。幼い頃にもの作りが好きだった人が職人に弟子入りし、自身も職人としての人生をリ・スタートしたり、定年を迎えた剣道5段の男性が近くの道場で小学生を指導して生活に張りができたりという例などがあります。

三つ目は、病気、災害、リストラ、家族の問題など、何らかの「不遇な体験」がきっかけになっている人も、実は少なくありません。

病気で入院生活を送っている時に、自分らしい仕事をしたいと蕎麦店の開業に向けて走り出す人、阪神・淡路大震災に遭遇することによって会社を退職して、地域活動のリーダーとして活躍している人たちがいます。

ただし、いずれのパターンの人も、自身の過去のキャリアを決して否定していない、という共通点があります。今までやり残して悔いが残っていることや、人生の道草とでも総括しないとやり切れない不遇な体験が、意外にも次のステップを切り拓く材料になることも多いのです。

先に、「やりたいことリスト」がうまく書けない場合は、「自分史シート」から書いてほしいと述べました。幼い頃でも学生時代でも、社会人時代でも定年間際のことでもいい。良いことも悪いことも引っくるめて、自分が印象に残っていることを書き出してみると、それが「やりたいこと」のヒントにつながることが多いのです。

かつての自分と現在の自分がつながっているからではないでしょうか。

何かを手放すことで何かが生まれる

75歳以降もやりたいことを実現させていくためには、何かを終わらせることも意識しておくべきでしょう。将来を明るく、前向きにとらえようとする時、多くの人は新たなものを手に入れることだけを考えがちです。しかし、時間には限りがあります。年齢を重ねるとともに、失うものもありますし、自ら手放す行為も重要です。

私は40代後半に体調がすぐれず休職しました。会社の仕事は、当時の私にとって魅力的ではなかったのですが、会社での自分の立場を手放したくない気持ちがあったので葛藤する日々が続きました。

その後、「もうなるようにしかならない」という諦めというか開き直りがあってから、少しずつ自分のやりたかった発信（執筆など）ができるようになりました。会社での役職や立場を失うことを割り切れたからでしょう。面白いことに、その後は嫌いだった会社がこんな良いところはないと思えるようになりました。

60歳の定年退職時にも、雇用延長で65歳まで働く道もあったのですが、無職になって安定を手放しました。その後は時間ができたので定年退職者の実態を知るためにフィールドワークに取り組みます。この活動が『定年後』などの書籍を出版することにつながりました。幸いにも著書がベストセラーになったことで、テレビに出たり、講演をしたりするという仕事が生まれました。

会社での立場を手放すことで、新たに道が開けた体験が私にはあるのです。先ほども述べましたが、大学を当初の予定よりも早く退任したのも、手放す行為の一環だといえます。

「やりたいことリスト」を作成した後は、優先順位をつけるのが理想です。一度は書いた「やりたいこと」を、実現できないまま手放す行為も、限りある時間を生きる私たちにとって必要不可欠な行為だと思うのです。

老人力を身につければ何も怖くない

ところで、この「リ・スターティングノート」は、自分だけではなく周囲の人と気楽に「老い」や「病」や「死」を語り合いながら作成したいものです。がんになるか、脳こうそくを患うかは誰にもわかりません。しかし老いることと死ぬことは誰もが避けられません。どんな人生を歩んできたにせよ、最終コーナーは楽しく、自分らしい結末を迎えるために家族や仲間と一緒に「いい顔」で進んでいきたいものです。

画家で作家でもある赤瀬川原平さんは、「老人力」という概念を提唱されて、物忘れ、体力が弱まる、視力が落ちる、ため息をつく、同じ内容を繰り返し話すなどの忌避されてきた現象を「老人力がついた」とプラス評価することを試みました。

私も大学で学生とやり取りしていて名前が出てこなかったことがありました。「先生、名前を忘れないでください」といわれ、「いやいや、あなたの顔も存在もわかっているけど、名前だけが出てこない。君らもそんなことあるだろう？」というと「ありません！（笑）」と一蹴されて教室は笑いに包まれました。

綾小路きみまろさんのライブに行ってみると、落語さながらに老齢の夫婦が何度も登場します。「あれから40年」というフレーズとともに、年齢を重ね「老人力」がついた高齢者たちの「あるあるネタ」が続いて、隣の席の女性は泣くほど笑っていました。一方で、すべての話のテーマは、「年をとること、最後は死ぬこと」に集約され、焼き場で骨を拾うネタまであったのです。

数十年間生きて、そしていずれ死んでいかなければならないという厳粛さは避けられないにしても、深刻にならずに明るく「死」と向き合いたいものです。「リ・スターティングノート」を作成する際には、とにかく自分にとって楽しいこと、やりたいことに重点を置き、その目的を達成するためのお金や時間などの「手段」については、おいおい考えていけば問題ないだろうというのが、取材を重ねて得た私の実感です。

第2章

75歳からの居場所の見つけ方

新たな居場所を発見する三つの方法

新型コロナウイルスの感染が一時的に下火になった2020年9月に参加した同窓会でのことです。当然ながら私と同世代の65歳を過ぎたメンバーが集まりました。

何より印象的だったのは、誰もが一旦退職していたことです。過去の同窓会では、どういう会社に勤めているのか、どんな仕事をしているかの社会的な立場や、収入額などが話題の中心でした。ところが現役当時の仕事から離れると、自分のことを人に説明するのが簡単ではなくなります。少し大げさにいうと「自分はいったい何者か？」を考える入り口に立ったのかもしれません。学生時代に悩んだことと同じ問いに戻ったという友人もいました。

私は、誰もが現役当時の仕事に代わる、新たな自分の「居場所」を持つ必要があるのではないかと考えました。「これをやっている時（ここにいること）が、一番私が私らしい」と感じられるような居場所。組織に属することが少なくなる70代以降は、特にその有無が大切になるのではないでしょうか。ここでいう居場所は単に空間的な位置を示すだけではなく、時間的な流れや自らの思い入れも含みます。自分が過ごしていて、納得できる場所であるべきです。

定年後に自身の居場所を失う人は少なくありませんが、新たな居場所を見つけるためには三つのポイントがあることを長年の取材経験から見出しました。

一つ目は、子どもの頃の自分を呼び戻すことです。これは「リ・スターティングノート」に書き込む内容を発見することにもつながります。子どもの頃に夢中になったこと、若い頃にやり残したことに居場所探しのヒントがある人は少なくありません。過去はもう終わったことではなく、現在や未来と一体となって自分を支える居場所になる可能性があります。

二つ目は、「教える―学ぶ」の関係のなかから、居場所を見つけることです。サラリーマン時代は、自身の能力やスキルをアップする、組織内での成績を上げるといった競争モードのなかで仕事に励んできた人が多いでしょう。

ところが定年後になると、むしろ他の人に役立つように何かを教える、または新たなことを学ぶといったこととの比重が高まります。もちろんこれは単に学校で「教える—学ぶ」と言った狭い範囲のことではありません。

具体的な事例は本章や第3章で紹介しますが、このような人に寄り添う「教える—学ぶ」の関係は双方に価値を生み出します。

三つ目は、「ノスタルジー」とでもいいましょうか。お金や健康、仕事も大事ですが、人はそれだけでは生きていけません。過去の自身の思い出や、祖父母や両親に対する思慕、生まれ育った故郷や幼馴染が自分を支えている人もいます。

ただし、お金が儲かるからとか、社会的地位や他人の評価などの客観的な側面だけで居場所を選んでしまうと、失敗することが多いようです。他人のことは気にせず、自分がどう感じるかという主体的な姿勢を優先すべきでしょう。

若い頃に戻れば「いい顔」になれる

グループサウンズの伝説バンド「ザ・タイガース」のドラマーとして活躍した瞳みのるさんは、解散後、芸能界から完全引退。１年間の猛勉強を経て慶應義塾大学文学部に合格。文学部中国文学科を卒業後、同大学文学部修士課程を修了しました。

私の高校時代の同級生は、いつも大学の教室の一番前に座って授業を聞いていた彼の姿を覚えているそうです。その後、慶應義塾高校で33年間教鞭《きょうべん》を執りました。その間、北京大学に2年間の留学も経験。２０１１年に芸能界に復帰して、60代半ばから音楽活動を再開しています。

２０１８年5月に私の地元である神戸新開地で開催された彼の野外コンサートに足

を運びました。時折中国語も織り交ぜながら楽しく歌い、ドラムをたたく彼の姿は何とも魅力的でした。アンコール曲はザ・タイガース時代の『シーサイド・バウンド』。この曲に懐かしい思い出を持つ人がいるかもしれません。彼のステップ指導よろしく音楽に合わせて観客全員が踊り出しました。音感もリズム感もない私でも何とかステップが踏めたのがうれしかったのです。若い頃に一度は断念した音楽活動を再開する過程で、瞳さんは自身の新たな居場所を見つけているように私には思えました。

いきなり自分の居場所はどこかと探そうとするよりも、子どもの頃や学生時代に取り組んだことをもう一度やってみるのも一つのやり方です。もちろん瞳さんのように、脚光を浴びる大きなことでなくてもかまいません。

私たちは年齢を重ねながら取り組むことは変化していきますが、振り返ってみると途中でやり残したことも多いものです。

例えば、中学の時には、絵を描くことが楽しくて仕方がなくても、高校の美術部の先生やメンバーと折り合いが悪くなって退部する、高校時代にロックバンドを組んでいても大学受験のために途中で解散する、大学時代に小説を書いていても、食えないからと小説家になる夢を諦めて会社員になった……。

誰もがその時その時に完全燃焼してけじめをつけることができるわけではありません。むしろ何らかの形でやり残したことがあるのが普通ではないでしょうか。やむを得ずリタイアしたものや、環境変化によって途中で諦めたこと、新たなものを得るために断念したものがあるかもしれません。

いつから始めても、決して遅くはありません。やり残したことにもう一度取り組んでみるのです。もちろん年齢を重ねているので同じようにはできないでしょう。しかし「昔取った杵柄《きねづか》」という諺《ことわざ》があるように、頭の中だけで考えることよりも居場所を見つけやすいものです。

私の周囲には、仕事を辞めた後に若い頃から好きなことに取り組んでいる人がたくさんいますが、総じて瞳さんのように「いい顔」をして生きているのが特徴です。

諦めたことを「生きがいの貯金」と考える

私がテレビ番組にゲストとして出演した時のことです。番組内で紹介された人は、子どもの頃にテレビで見た刑事番組に憧れて警察官になります。しかし、仕事でケガをして2か月間入院したことをきっかけに退職。その後、警備員に転職しましたが働く喜びを感じられずにいたそうです。そんな折、駐車場の警備にあたり、黒塗りの高級車がずらっと並んでいるのを見て、子どもの頃から乗り物が大好きだったことを思い出します。そして海外のVIPや要人が乗車するハイヤーの運転手に転職しました。

番組内では目を輝かせながら、できるだけ長く運転手を続けたいと語っていました。その時にMCだったタレントの藤井隆さんは、「この人は2回も子どもの頃の夢を叶えている」と指摘していました。小さい頃の憧れや原体験は年齢を重ねても大きな力を持っていることを強く感じました。

仕事だけでなく趣味的なもので小さい頃の自分を呼び戻している人も少なくありません。子どもの頃得意だった将棋を70代になって本格的に再開した人もいます。理由を聞くと、「将棋の勝負では、こちらが年寄りでも一切容赦がありません。子どもたちも手加減はしてくれない」と語ります。仕事を辞めると、誰も自分に注意やアドバイスをしてくれない。周囲もやさしくなりすぎて、逆に〝刺激〟が欲しくなるとのことでした。今では将棋センターに通うのが、日々の生活の軸になっているそうです。

学生時代のバンド仲間と再び音楽活動を始めて楽しみながら、孫にもギターを教える、剣道5段の腕前を呼び起こして豆剣士を指導する、卓球部で活躍した経験をもとに仲間に教えるなど、子どもの頃に得意だったことの活かし方は人それぞれです。

若い時に諦めたことや、うまくいかなかったこと、後悔があったことを、残念な人生と受け止めるのではなく、死ぬまでの「生きがいの貯金」をしてきたと考えてみてはどうでしょうか。

どんな経験も子どもたちの教科書になる

新たな居場所を見つけようとする際、組織や団体と関係を持ちながら探すのが近道です。私が取材したなかに、厳しい経済環境にある家庭の子どもたちを受け入れる、無料学習塾を運営する人がいました。ひとり親家庭や非正規雇用の家庭では、衣食住はギリギリ何とかなっても、教育にまでお金をかける余裕や時間のない家庭は少なくありません。それが「教育格差を広げている」と60代の主婦が奮起したのです。

実際の授業風景を取材させてもらいました。小学生はグループ授業で、カードを使って遊び感覚も交えた内容でした。別の部屋では中学生が講師と1対1で数学や英語に取り組んでいました。小さいホワイトボードを使って何度も書いては消しながら進めていたペア、机の上が消しゴムのカスだらけのペアなど、夢中になって取り組んでいた姿が印象的でした。

講師として来ていた元会社員３人と元高校の英語教師にも話を聞きました。元会社員は、年齢的には68歳から70歳。製薬会社や電機メーカーを定年退職した男性です。

70代後半の元英語教師は、中学生に興味を持ってもらえる授業ができるように工夫を凝らすのが楽しいと語っていました。彼は、妻の介護をしながら月に２回、１時間半ほど中学生に教えています。生徒との年齢差は約60歳。趣味である囲碁の会所に通うのと、この教室に来るのが今の楽しみだそうです。

代表の女性は、交通費すら自腹になる「無償のボランティア講師」など、誰も来てくれないのではないかと初めは思っていました。ところが高校生から高齢者まで手を挙げる人が多数いて、「世の中捨てたもんじゃない」と思い直したそうです。

地域活動で、外国人労働者に日本語を教えている人たちもいます。また仲間と一緒に小学生向けの工作教室を開催している例もあります。自分の経験が誰かの役に立っていると実感できれば、人生がより豊かになるのは間違いありません。

本当に学びたいことは定年後に出会う

教えるだけでなく学びの場もあります。最近は国の方針により成長産業で通用する人材を養成する学び直し（リスキリング）がマスコミにもよく取り上げられます。長く働くことができるスキルや技能を身につけようというものです。

それも意味があるとは思いますが、中高年期以降の人は、国家戦略などとは別に自分の生き方を充実させるための学び、自らの居場所を見つけることが大切でしょう。中高年期以降に大学や大学院で学び直して新たな仕事に就いている人は少なくありません。大学院で学んだ公務員が、定年後に大学教員の仕事に就いた例や、大学で街づくりを学び、ＮＰＯで活躍する人もいます。

取得した資格を活かす事例も少なくありません。キャリアコンサルタントの資格を持って大学生の就職活動の支援をする人、社会保険労務士の資格を取得して、中小企業経営者の労務関係の相談に乗る人、定年退職後に保育士の資格を取得して週に３日ほど保育所で働いている男性もいました。

また仕事とは関係なく学ぶこと自体を新たな居場所にしている人も多くいます。

大学で歴史を学びたかったが就職を考えて経済学部に入学した会社員がいました。彼は60歳の定年を区切りとして、大学の文学部に入り直して歴史を学んでいます。また長く商社で働いた後、「総合商社という業態がなぜ欧米にはないのか」という課題を研究したいと話す人もいました。

私と社会人大学院でクラスメートだった70代の男性Kさんは、中学を卒業して建設業、不動産業で会社を立ち上げて長く社長として働いてきました。バブルの崩壊で大きな借金を背負ったのですが長い期間かけて完済した後に、経営学を学び始めます。彼が「生まれて初めて学割が使える」と学生証を掲げて自己紹介する姿や「俺は初めて大きな組織で働くサラリーマンを見た」という発言にも驚かされました。彼にとっては、大学院が未知の経験ができる楽しい居場所だったのです。

また、グループで学び直す方法もあります。兵庫県主催（当時）の「シニアしごと創造塾」の塾生同士がラジオ番組制作を目指そうと学びを続けた例などです。その結果、関西一円をサービスエリアにしているラジオ関西で、15分間の自主制作番組『60歳からげんきKOBE』を数年間にわたって発信することができたのです。

当時のメンバーは9人で、代表のSさんをはじめ半数以上は70代の定年退職者が中心でした。実は、私は50代後半の一時期、この活動に参加していました。会社員から異なる仕事に転身した人を何人かラジオで紹介する機会をもらったからです。多くの聴取者がいるラジオ番組なので、内容に関して活発な議論が飛び交っていたことを覚えています。まさに番組制作は、70代の彼らにとっての新たな居場所であると感じました。

仕事に一旦区切りをつけた後に、本当に学びたいことに出会ったという人は少なくありません。仕事に取って代われるものが学びのなかにあるからでしょう。

驚くほど開かれている大学の門戸

私と同じ生命保険会社に同期入社したNさんは、長く法人営業の仕事をしてきましたが、51歳の時、万博記念公園（大阪府吹田市）にある大阪日本民芸館に出向を命じられました。全く予想もしていなかった異動先に驚き、当初はショックを隠せませんでした。彼は芸術関係には全然興味もありませんでした。

しばらくして気持ちを切り替えて、本来の財団の管理・運営の仕事に加えて通信制の芸術大学に入学して、学芸員の資格を取得しました。自分の研究課題を持って学び始めたのです。その後は、修士課程に進んで論文を書き上げました。

9年間勤め上げて60歳で定年退職した後も、週に3日アルバイトをしながら大学院の博士後期課程に通い63歳で博士号を取得しました。2022年7月の日本経済新聞の文化欄に、彼の研究内容とそれに取り組んだ経緯が大きく取り上げられました。同期入社の中では唯一の「博士」です。彼は研究を続けているうちに面白くなってやめられなくなったと語っていました。

Nさんの場合、本格的に学んで博士論文まで書き上げましたが、もっと手軽な方法で学ぶこともできます。私は現在、自宅から近い大学の聴講生として週に1日、1コマだけ大学院の授業を受けています。2022年度の前期は死生学、後期は文化人類学を受講しています。いずれも一度は学んでみたいと考えていた科目でした。ゼミでの発表の時は、テキストを読み込んで発表資料を作成することもありますが、自分の関心のあることをやっているので苦にならず楽しく取り組めます。

私と同世代の男性も受講していました。担当の教授は、いろいろな世代の人が集まって議論する方が授業も充実する、現役の学生にも好影響を与えると話してくれました。「退職すると若い人と語る機会がなくなるので、こちらも大変ありがたいのです」と私は答えました。

地方公共団体が高齢者のために学びの場を提供しているシニア大学や、カルチャーセンターに呼ばれて話をする機会がよくあります。そこでは生徒同士が友達のように楽しく語り合っている姿をよく見かけます。

学生時代を振り返っていただければ思い出す人もいるでしょうが、何かを学ぶことは人とつながるきっかけにもなりやすいものです。仕事と同様、目標が共通しているのでコミュニケーションが円滑に進みやすくなります。

高齢者に門戸を開いている大学も少なくありません。学ぶのに年齢は関係なく、いつからでも始めることができるので、新たな居場所としてもお勧めです。年齢を重ねても続けることができるというメリットもあります。

心のタイムトラベルで老年期を輝かせる

2021年6月にフランス映画『ベル・エポックでもう一度』を鑑賞しました。70歳前後の主人公は、かつては売れっ子イラストレーターだったのですが、デジタル化された社会についていけず、新聞社を解雇され、妻にも愛想を尽かされてしまいます。冴えない日々を送る父を元気づけようと考えた息子が、友人が始めた「タイムトラベルサービス」をプレゼントする。このサービスはデジタル技術を応用して顧客が行ってみたいと希望する過去の時代に連れていってくれるというものでした。ヘミングウェイがいた部屋を訪問したり、亡くなった自分の父親とレストランで互いに語り合ったりしている人が紹介されます。

そんななか、主人公は「運命の女性と出会った1974年のリヨンに戻りたい」とリクエスト。70年代のおしゃれなカフェや街並み、レトロファッション、当時の音楽も再現され、彼の青春の一日のすべてがそこに蘇っていました。映画の後半、運命の女性と出会って見違えるほど元気になった主人公は、虚構の世界を生き続けたいと願うようになります。妻に内緒で別荘を売り払い、タイムトラベルサービスの延長に全財産を注ぎ込みます。主人公の過去への憧れが現実にも入り込んでくる過程がユーモアを交えて描かれていました。

多くの人はかつて自分が生きた時代や場所をもう一度体験してみたいと思うことがあるでしょう。このタイムトラベルサービスが可能ならその夢が実現します。子どもの頃や過去の自分と出会う場を持つことは一つの居場所の発見にもつながります。

ちなみに主人公が戻りたいと考えた1974年6月といえば、私は神戸文化ホールで山口百恵さんのコンサートに行ったことを思い出します。大学1年生で初めて購入したコンサートチケットでした。森昌子・桜田淳子・山口百恵の「花の中三トリオ」のうち、山口百恵さんが二人に人気やヒット曲で後れをとっていたのが残念でしたが、

『ひと夏の経験』が大ヒット。コンサートの冒頭で、この曲のイントロとともに彼女がステージに登場した時、会場の多くのファンが舞台に向かって走り出したのを今も覚えています。実は私もそのひとりでした。

ノスタルジーに浸ることは、新たな目標や価値を見出す絶好の機会になります。昔の家族との語らい、大切な人との出会いや過去の思い出を反芻することは今後に向かう活力になると、私は思うのです。

高齢になった自分を癒してくれるのは、他人ではなく、自分自身の過去であり、思い出なのかもしれません。

過去の思い出に浸ると心が若返る

過去の物事に思いを馳せるという意味での居場所は本当に人それぞれです。音楽一つとってもクラシックから洋楽、演歌、ニューミュージック、アイドル歌謡など、曲に関心がある人もいれば、アイドルなどの特定の人に焦点を当てる人もいます。映画では、洋画も邦画もあってジャンルも数え切れません。

演劇、演芸などの舞台芸術が好きな人がいれば、読書歴、旅行歴など自身が積み上げたものを大切にしている人、レトロなモノの収集に喜びを感じている人、サッカーや野球など、スポーツを通して過去の思い出に浸ることで元気になる人もいます。

生まれ育った故郷への愛着の念が、年を重ねるごとに強くなっていくという人、親に対する感謝をあらためて語る人もいます。

これらは先の映画の話と同様、一種のタイムトラベルサービスと呼べるものかもしれません。最もポピュラーなのは音楽でしょう。私は70年代ヒット歌謡曲のファンですが、不思議なことに25歳までにヒットした曲だと過去の思い出が伴っています。それ以降の曲はそれほどではありません。『木綿のハンカチーフ』を聴くと、その曲のメッセージというよりも、曲を聴いていた時の感情とか、一緒にいた人の記憶が蘇ってくるのです。


私は今も上京した時には、明治大学にある阿久悠記念館に立ち寄ることがあります。東京の神田神保町近辺には、思い出を蘇らせる店が多く、まさに時間が経つのを忘れてしまいます。昔のレコードだけに限らず、パンフレットなどの映画関係のもの、野球雑誌にプロレスやボクシング雑誌などを扱っている店舗もあるので、見て回るだけで過去に戻ったような気持ちになれます。

昔の記憶を蘇らせることを「ライフレビュー」といい、認知症の治療にも使われる方法だそうです。なぜ脳に良いのかといえば、当時の感情や記憶を思い出すことで脳がその時の状態に戻るからだということです。昔好きだった曲を聴くと、急にその頃のドキドキワクワクした感情が戻ったり、ある匂いを嗅いだらその瞬間を思い出したりといった現象と同じ原理だそうです。

老人向け施設で昔の曲を歌い出すと部屋全体が盛り上がるというのも納得できます。90歳を超えた認知症の親を自宅で介護している人は、親は昔やっていた囲碁のルールは忘れておらず、麻雀の点棒の数え方も間違わないので驚いたという話を聞いたことがあります。

過去に自分が過ごした場所を歩いてみるのもいいでしょう。生まれ育った地域をウォーキングしてみる、学生時代の下宿のあった場所を訪問してみる、若い頃に住んでいたアパートや、かつての会社があったビル周辺を巡る……。

私は新入社員当時通った喫茶店の２階に上がる階段の匂いや、手すりの冷たさが40年以上経って蘇ってきたこともありました。どんな経験であれ、過去の思い出に触れると心が若返るような気持ちになるのは不思議なことです。

本当の居場所を見つけることが幸せへの近道

80代になると、自分だけで行動や生活をコントロールするのが難しくなります。私自身の両親に対する介護経験からもそう思います。父親とともに神戸で薬局の商売をずっとやってきた母親は、「子どもの世話にはならず、調子が悪くなれば自らホスピスに入ってあちらの世界に行く」と常々語っていました。ところが80代になって自らをコントロールできない状態に陥ります。

胃の摘出手術を受けて何とか回復したと思ったら、今度は転倒で大腿骨《だいたいこつ》を骨折して2か月ほど入院。長期間寝込むと体が一回り小さくなって元気さも一気に失われました。50年以上続けてきた店のシャッターを開けることもできなくなりました。

そんな時、母親が子どもの頃に過ごしていた場所をいつも懐かしそうに語っていたのを思い出し、一緒に訪れてみました。震災で街並みが変わっていたからか、初めは何の反応もありませんでした。神社があったと話したので一緒に探してみると、小さな神社を発見しました。「記憶にあるのはこの神社に違いない」と説明すると、「ここだ、ここだ」という感じで母親の目が輝き出します。おぼつかない足取りで境内を歩き始め、顔つきも一変してにこやかになり、一瞬で生気が蘇りました。

やはり人の記憶のなかには、愛おしい場所がいつまでも残っているのです。施設に入った母親が「帰りたい、帰りたい」と盛んにいっていたのは、私と住んでいた実家ではなくて、祖母と三人の兄妹で過ごした昔の家だったのかもしれません。そこが母親の本当の居場所だったのでしょう。

75歳以降の人生を充実させるためには、子どもの頃の記憶、生まれ育った地域の思い出なども意味があるのではないでしょうか。神社での母親のあの嬉しそうな顔を思い出すたびに、そう思わざるを得ないのです。私自身も生まれ育った神戸のために、何か貢献できることはないかと強く感じ続けています。

終の棲家の選択肢は無限に広がっている

高齢期になると、文字通りの居場所として、どこに住むかも大きな課題です。

２０２０年12月の朝日新聞の記事で、「定年後どこで過ごしますか」という問いに対する、50代半ばから79歳までの男女８人の声が紹介されていました。

私は取材で定年後の住まいの変更に関しては、60代前半までと70代以降の大きく二つのパターンがあることに気がつきました。

60代前半までは、もうひと仕事というか今までの現役生活を変えることが目的で移住を考える人が多いのです。この記事でも、定年後は海の近くに住みたいと思って志摩市（三重県）に移り住んだ元高校教師の女性、趣味の陶芸をやるために早期退職して市街地から中山間地に移住した男性の話がありました。新たな仕事や趣味など、自分が主体的にやりたいことが決まっている人の移住の事例です。

もう一つは、70代以降になって体力的な衰えが始まり、日々の暮らしに便利な都市部へ引っ越すパターンです。記事でも、郊外の戸建て住宅を売却して市街地にある中古マンションに転居した男性の話が紹介されています。将来、車の運転が困難になることも考慮すると、離れたスーパーに買い物に行ったり、草刈りや庭の手入れが億劫《おっくう》になったりしたそうです。市街地の住まいでは、役所、銀行、病院、駅など生活に必要な施設がすべて徒歩圏内にあるので満足しているとのことでした。

先ほどの海の近くに移住した女性の話には続きがあり、70代になって膝が痛くなり、人工関節手術をしたことを機に、以前住んでいた市街地のマンションに戻ったと書かれていました。

私が不動産会社の営業担当者に聞くと、郊外の一戸建てから市街地のマンションに移住する70代の人の案件が全体の2割程度もあるそうです。

この他、記事では、平日は都会で過ごし、週末は約45キロ離れた田舎へ帰る生活を送っている人や、子どもがひとり立ちしたので夫婦が別々に暮らし、たまに会う生活を検討している人の話が紹介されていました。

私の周りでも、子どもが独立してから、夫婦別に住んでいる例が多くあります。夫の定年後の勤務先が関西にあって自宅のある東京に妻が住んで行き来している例や、妻が勤務する仕事場と夫が母親の介護をする場所が離れているので別々に住んでいる例、一時的に親の介護で夫が実家に戻っている例などです。

定年後に居住する場所については、田舎と都会の両方に住む、仕事や親の介護で夫婦が別々に住むという選択肢があることも柔軟に考えてみてはどうでしょうか。暖かい時期は関西に住んで、冬になれば沖縄で長期に過ごす知人夫婦もいました。どこに住むかは生活の基盤に関わることなので、年齢に応じて自分にフィットした場所を選択していくのも一つのやり方です。

記事の最後でコメントをしていた経済アナリストの森永卓郎さんは、農業を勧めていました。農業をやると筋肉量も増えて健康寿命を延ばす効果も期待できるそうです。いずれにせよ、終《つい》の棲家《すみか》の選択肢は無限に広がっていると考えても良いでしょう。

居場所を心地よくするための姿勢

取材を重ねていくうちに、高齢者が居場所で心地よく過ごすためのキーワードがいくつか浮かび上がってきました。70代の発言では、「オタクになる」「マンネリを避ける」「井戸端会議の良さがわかった」などが印象に残っています。「オタクになる」とは、興味のあることに絞ること、「マンネリを避ける」は日々の生活には変化が必要、「井戸端会議を楽しむ」は自身を自由に語ると言い換えても良さそうです。

まずは、心から興味や関心のあることに取り組むことが肝心です。仕事だけでなく、趣味、学び直し、地域活動など自分が楽しめるものを幅広く検討したいものです。本当に好きなことは何歳になっても続けることができます。「オタク」の対象は人によって異なっているので、自身の興味・関心のあることに重点を置くとよいでしょう。

そのためには、無理な付き合いを避けることも考慮に入れなければなりません。会社に属している時は、周囲の人との人間関係に気を配る必要があって、我慢してきたことも多かったでしょう。しかし70代にもなれば、残りの持ち時間はそれほど多くありません。嫌なことをやっている時間などないのです。楽しく過ごせるかどうかは、寿命の長さや日々の健康にも影響してくると感じています。

毎日の生活は、日常の習慣とルーティンから成り立っていますが、変化や刺激を求める姿勢が大切であると語る人は少なくありません。長く公務員を務めた人が「前例踏襲主義は老後においても問題だ」と発言されたのが印象に残っています。

話を聞いていると、マンネリを避けている人は、すぐに行動することが特徴です。自分からネットで検索する、体面を気にせず人に聞く、労をいとわず人に会うなどのアクションと結びついています。行動と変化はコインの両面なのでしょう。

また、自身を自由に語る、つまり会話自体を楽しめることも大事なポイントです。

しゃべることは一つのカタルシスになります。同世代の人との関係をつないでいくには井戸端会議のような他愛のない会話を続けることも意味があるでしょう。

同じ世代の人は同様の苦労を経験している人が多いので、話しながら自身の悩みに対するアドバイスを自然と得ることができます。ネットをうまく活用している人の話を聞けば、自分も真似してやってみようと刺激を受けるかもしれません。また自分の本音を飾らずにしゃべってみると、自分に向いていること、好きなことを発見できるきっかけになる場合もあります。

何事に対しても、良い面を見出そうと努力する姿勢は求められます。どんなことにも光の部分があれば影の部分が存在します。その時に、物事の良い面を見る癖がついている人は、多少の嫌なことがあってもその場を楽しく過ごしている印象があります。

最終的には自分が「いい顔」で過ごせる場所であるかどうかが最も重要だと、私は結論づけています。

第3章

定年後の〃孤立〃から抜け出す

70代から人脈を築ける五つの分野

長く同じ会社で働いていた人たちが仕事を辞めた時には、大きな変化が起こります。収入の額が減少することで不安を感じる人や、自分の時間の使い方にとまどう人もいます。

明確に意識しづらいのですが、もう一つあるのは人とのつながりの変化です。退職することによって付き合う人も変わるので、人との関係を再構築する必要があります。ところがこの切り替えがうまくいかないことが多々あります。

特に仕事中心で生きてきた、いわば出世争いを勝ち抜いてきた人ほど、今までの濃密すぎる仕事上の人間関係が足かせになることが多いのです。

取材を繰り返すなかで、新たに人とのつながりを築く分野として、概ね次の五つのパターンが多いことに気づきました。

1. 小商い
2. 組織で働く
3. 趣味に生きる
4. 地域活動やボランティア
5. 学び直し

「小商い」とは身の丈に合った起業のことです。新たに人を雇うなどの大きな事業ではなく、一人で立ち上げる個人レベルの商売が中心です。今までの経験を活かした保険代理店での自立や、営業代行の会社の立ち上げ、個人事業主として執筆や講演に取り組む、ネイルアートで独立した女性もいました。60代までに得たキャリアやスキルを使って70代以降も活躍している人が大半です。

次に、「組織で働く」とは、定年前の職場で引き続き働く人や、定年後に新たな組織で働く人です。雇用の形態は、大半は正社員ではなく、いわゆる業務委託や派遣社員、パートタイムになります。

「趣味に生きる」とは、趣味や特技で自分を活かすことです。これまでに紹介してきたように、子どもの頃から好きだったもの作りや楽器の演奏、剣道や卓球などの趣味を活かしている人は元気に活動しています。大好きなミステリー小説さえあれば、無人島で暮らすのも平気だと語る人もいます。

「地域活動やボランティア」については、第2章で触れました。ご存じの方は意外と少ないのですが、どんな地域にも多様な活動機会が用意されています。地域活動というと自治会の役員くらいしか頭に浮かばない人も多いのですが、公的な施設に行ってみると、いろいろな団体のチラシなどが置いてあります。初めは見学だけでも良いので、ぜひいろいろな場所に足を運んで実際に体感してみてください。

「学び直し」についても、第2章で具体的な事例をいくつか紹介しました。地域の生涯学習センターに行くと、仲間もできて、イキイキと学んでいる姿が印象的です。

学ぶことはコミュニケーションや人とのつながりを得やすい活動であると実感しています。年を経てからでも取り組めることも特長です。

第2章の居場所の話と重なる項目も多いですが、居場所を見つけることが人とつながることであり、人とつながることが居場所を見つけることでもあると、総括できそうです。

65歳を超えると、朝から夕刻まで週に5日フルタイムで働くことは簡単ではなくなってきます。仕事だけに生きる、趣味だけして過ごすというのではなく、週に3日働いて週1日ボランティアをする。趣味を活かした活動を週2日と、それにプラスして、学びを週1日入れるとか、いくつか組み合わせ、充実した時間を過ごすという選択肢もあります。柔道でいう「合わせ技一本」という感じでしょうか。

私の取材に対して、「70代になっても週に1日2日は何かに拘束される機会を持つことが必要だ」と話す人がいました。お金を稼ぐという目的だけではなく、働くことで得られる刺激や出会いが元気の源にもなっているそうです。

ひとりでいる時間も大切にしたい

私は60歳で定年退職した後の3か月間、定年退職者と思《おぼ》しき人がどこでどんな活動をしているかのウォッチングをいろいろな場所で続けました。

地域の図書館、公民館、ハローワーク、スポーツクラブ、公園、スーパー銭湯、銀行や証券会社の窓口、都心のにぎやかな通り、書店、喫茶店、ネットカフェ、理髪店、百貨店、映画館、カラオケボックス、パチンコ店など、定年退職者が立ち寄ると思われる場所に足を運んで彼らの観察に没頭していました。

そこで気がついたのは、男性はひとりで過ごしていることが多く、女性は家族やグループで活動しているケースが多いということです。特に大手ハンバーガーショップの午前中は、年配男性がひとりでコーヒーを飲んでいる姿をよく見かけました。

「私も定年になりましたが、最近リタイアされたのですか？」と聞いてみると「昨年退職して、時々、来ています」といったやり取りからいろいろな会話に発展することもありました。席と席との間が狭いので、知らない者同士はかえって話しやすかったことを覚えています。午後になれば高齢の男性グループがカフェなどで話している姿を見かけましたが、それは希《まれ》なケースです。

カルチャースクールの講座も覗いてみましたが、高齢の女性が雑談を交えて楽しそうにしているのに対して、男性はひとりで話を聞いている人が多かったのが印象的です。ひとりで過ごすこと自体に何の問題もありません。どちらかといえば、私もひとりで過ごす方が居心地は良いです。仲間がいないからではなく、自分の時間を気持ちよく過ごしたいからひとりでいるだけです。「組織の一員でありたい」という心情と「ひとりでいたい」気持ちは何ら矛盾するものではありません。

ひとりで何かに没頭する、自分の時間を確保するためにひとりでいることは、年齢を問わず、大切にしたいものです。

会社愛が強かった人ほど孤立する

しかし、一部には会社組織を離れたことによって、人間関係のつながりのすべてが切れたのではないかと思わざるを得ない人もいました。そのような人たちの特徴として、新たな対人関係がうまく築けず、些細《ささい》なことでキレてしまうことがあります。

街を観察しながら歩いている時によく、大きな声で店員を怒鳴ったり、クレームを付けたりしている姿を見かけました。喫茶店でダストボックスに飲料を捨てる時に、開閉がうまくいかなかったのか、残った水が飛び散ったと怒っている高齢の男性がいました。彼はアルバイトの若い女性に延々と文句をいっていました。

私鉄のサービスセンターでは、私と同年代の男性が駅員に食ってかかっていました。

詳しい内容はわかりませんでしたが。駅員を怒鳴りちらして、「それが書いてある約款をここに出せ」などと大変な剣幕でした。

また企業の顧客対応の責任者は、何度も苦情を申し出る顧客のなかに自社のOBがいると語っていました。別のメーカーの人事担当者は年に1回の退職者懇談会でOBから小言や説教めいた要望を聞くのが憂鬱で仕方がないといいます。上司の現役役員は先輩であるOBたちを相手にしたくないので、双方の間にはさまって苦労するのだそうです。

彼らは、本気でクレームをつけたいというよりも、日々の生活のなかで充実感を得ていないだけなのかもしれません。今までは組織のメンバーであるという意識が自らの行動を自制していました。ところが、組織から離れて人間関係のつながりを失ったことが、クレームという行動の一因になっているように思われます。

「孤独」は意味があっても、人とのつながりを失う「孤立」は避けなければなりません。会社の仕事中心で働き、会社愛が強い人ほど新たな対人関係を築くことを意識する必要がありそうです。

できるだけ多層的なつながりを目指す

定年後の難しいことの一つでもありますが、それまで会社関係中心だった人間関係がなくなるので、新たに頼れる人とのつながりを確保することが必要です。ここでいうつながりは、人と人との緩やかな相互扶助や互いに精神的なよりどころになる関係という意味です。会社に代わる、新たなコミュニティーとでも呼ぶべき存在です。

会社にしか頼れるコミュニティーがないので、そこを離脱すると、帰属する共同体を一気に失ってしまう人は多いものです。また、それが一つしかなく、必要以上に組織に縛られて行動している人も少なくありません。

私自身もその束縛を不自由に感じて何とかしないといけないと思ったがゆえに、会社を長期に休職した経験があります。幸い会社との関係が一旦途切れたことがきっかけで、社会人の大学院における同級生との出会いや、著述業を通じた社外の仲間とのつながりが生まれました。

社会的、経済的にも、定年後は、自らの属するコミュニティーをどのようにして形成していくかが大きな課題になります。家族や地域といった旧来の共同体のみならず、その代替の機能を果たしてきた会社組織も昨今は弱体化しています。その意味では、この課題はシニア世代だけが対象ではありません。

新たな人間関係やつながりを構築する時には、できるだけ多層的に帰属する人たちとのつながりをつくりたいものです。どんなに濃密であろうと、たった一つだけでは、それを失った時に関係がすべて途切れてしまうことにもなりかねません。

本章の冒頭の五つの分野をもう一度思い起こしてみてください。

一緒に働いている組織の同僚や、気持ち良く語り合える同じ趣味のメンバー、一緒に活動しているボランティア仲間、ともに学んでいる人たちは皆、新たな対象です。繰り返しになりますが、これは新たな居場所づくりにもつながります。

地方在住者は定年後もつながりやすい

かつて仕事で地方の県庁所在地にある市役所の人事課長と話したことがあります。公務員の60歳以降の再任用が検討されていた時、地方都市の役所の人事課長と、東京圏や大阪圏の市役所の人事課長が一緒になったことがあったそうです。

都心近くの人事課長は、「職員が定年退職して何もしなければ家に引きこもってしまうことにもなりかねない。定年後も元気で暮らしてもらうために、職員に対してどういう研修をすればよいか」と悩んでいたというのです。

一方で地方の人事課長は「退職してもやることがいっぱいある職員は多い。実家の農作業だけでなく地元の自治会の幹事や消防団の役員など、地元にいる人たちから頼りにされていない。あまり心配していない」というのです。

実際に畑仕事や果物づくりをしている人は仕事や役割があるので、人と出会う機会や刺激もある。それに比べると都市部の定年退職者は社会とつながる機会がとても少ないのだろうと話していました。

地方でも県庁所在地くらいの都市部では、定年後に人とのつながりを失ってしまう例は結構あるそうです。家にこもりがちの生活になり、テレビの前から立ち上がれなくなったと述懐した人もいました。

その役所の職員に聞いてみると、農業などの取り組める仕事の有無や、住んでいる地域が活性化しているかどうかなどで大きな差はある。ただ団塊の世代が70代の半ばになったことから、今後は決して小さな問題ではなくなるだろうと話していました。

都会になればなるほど、人と人との結びつきや交流は希薄なので、定年後の新たな人とのつながりについて、定年前から徐々に考慮しておくべきなのでしょう。

ビジネス的な視点を持ち込みすぎない

人とのつながりの課題のなかには、会社組織のようなビジネス的な共同体と、地域や教育分野の共同体とのギャップもあります。ビジネスと公共的な分野との活動ルールには大きな違いがあるのです。元会社員は、同じ地域活動でもお金や報酬につながるような活動であれば比較的スムースに移行できますが、社会貢献的な行為になればなるほどそのギャップは大きくなります。

私も、ビジネスの世界から教育分野に移ったので、当初はその違いにとまどうことがありました。会社組織では、経営者や社員の間に売上高や利益額の達成などの共通目標が存在します。それを基盤にして仕事を進めればそれほど困ることはありません。

ところが、大学では各学生の考えていること、求めているものが多種多様でばらつきが大きいのです。そのため全体に語りかけても理解の仕方や反応は異なります。

私のモノマネをする学生がいて、大学に着任した頃は「みんなわかっているか。大丈夫か」というのが口癖だったそうです。自分では全く意識していませんでしたが、自分の意図が伝わっているかどうかを確認したかったのでしょう。

大学の教職員も、研究、教育、学校運営においてビジネスのように一致した行動や対応をするよりも多様性が求められています。私から見ると、サラリーマンというよりも個人事業主に近い印象です。

大学に慣れてくると教職員や学生間の相互の関係が本筋で、会社内の人間関係の方が特殊に思えてくるから不思議なものです。一時期、株式会社組織の学校が脚光を浴びたこともありましたが、それほど大きく発展していません。

そこで感じたのは、ビジネスの世界は組織本位、自分本位が優先だが、その考え方をそのまま教育や地域に持ち込むと失敗するだろうということです。優秀なビジネスパーソンほど、ビジネス的思考が強いので、そこは注意すべき点になります。

井戸端会議でつながりの創出と再生

都会を中心に人間関係をつなぐ取り組みは全国で行われています。過去にＮＨＫのテレビ番組で拙著『定年後』が取り上げられるとともに、いくつかの興味あるシニア世代の活動例が紹介されました。私もその一つに興味を持ったので取材に行きました。大阪府河内長野市のニュータウン内の高齢男性のみのユニークな集まりです。取材の際には、私よりも高齢の53人の男性がテーブルに分かれて楽しそうに語り合っていました。「どないでっか」「この前はお世話になりましたなぁ」「まあおかげさんで」と元気な声が部屋中に響き渡ります。地域での出来事やゴルフ、政治談議などワイワイガヤガヤとにぎやかに井戸端会議が続いていました。

しばらくして始まった「報告タイム」では、代表から今月の行事、忘年会の日程などの連絡がありました。その後の「仲間からの提案コーナー」では、ゴルフ会、ボウリング大会、陶芸教室、小学生に対する工作教室などの案内と参加の呼びかけが行われました。新たにメンバーになった二人の自己紹介もありました。

私自身が今まで見てきた定年後の男性は、図書館、喫茶店、スポーツクラブなどで、ひとりで活動する姿が中心でした。このような大規模な情報交換をしている場を見たのは初めてで驚きました。

この会の特徴は、規約も役員も会費もなく、出席自由・欠席自由、その他一切の制約もないことです。何も決めずに自由に運営することが、「お互いを認め、尊重し合い、自らの責任で行動する自覚が守られる」と代表の男性は話してくれました。

会議の場所の設営も、コーヒーの提供も、終了後の後片付けもすべて参加者が自発的に行います。受け身ではなくメンバーの主体性が感じられたのが印象的でした。興味が湧いたのは、この会合は男性に限っていますが、最も強力な理解者・支援者は妻や家族で、噂や評判を聞いて家にいる夫や父の参加を促していることが多いことです。

会報には、家に引きこもりがちだった父親が元気に活動する姿を見て、そのビフォーアフターに驚いていた娘さんの投稿記事もありました。

代表の男性は、「出会った者同士が、万一の時にも助け合えるような関係になってほしい。そうすれば、たとえシングルになっても、ひとりぼっちではないはずだ」と語っていました。

メンバーの平均年齢は70歳を超えていたと思われます。今後自分の身の回りのことができなくなった時に、人とのつながりを確保しておきたいという気持ちが会を活性化させているのではないかと感じました。深い付き合いではなくても、会った時に楽しく過ごせることがポイントです。遠くの親戚よりも近くの他人なのです。

この地域が都市近郊のニュータウンであることにも注目すべきでしょう。大阪市内に勤めていた同世代の元会社員の家庭が大半です。住民が求めているものが共通しているので、互いに住む人のニーズを見極めやすいのでしょう。

人が集まって気楽に話せる場が、人とのつながりを紡いでいくのです。

地域活動の場には誰でも参加できる

大阪市近郊の社会福祉協議会（社協）が中心になって、定年後の男性に農業を通して人とのつながりを深めてもらおうと都市型農園を開設している例もありました。市内のいくつかの農園で野菜を栽培しています。高齢男性の孤立を防いで、生きがいづくりにもつながると全国の社協やＮＰＯなどの視察が相次いでいました。

私も数年前に、半年ほど入会して農園での作業や水田づくりに参加しました。一般の都市部にある貸し農園は、個人で自分の区画を借り受けて作物を育てることが多い。ところが、ここは男性に限って、比較的広い農園で苗木の種付けや水まき等をメンバーで協力しながら作物を育てています。私の直感では、この大阪の社協は、人とのつながりを意識して、ボランティアとして働く機会を彼らに提供しているように思えたのです。収穫した野菜をＪＡに販売したお金で、居酒屋で皆と一緒に一杯やるというのがいいのでしょう。先ほど述べたビジネスの要素も入っています。

またお寺がいろいろな行事を実施して地域活動の拠点となっている例もありました。そこでは週に何回か昼食を食べる「しゃべり場」を設けています。私も昼食をとった後に講演をする機会をいただきました。一緒に食事をするというのは、人とのつながりにおける大切なポイントです。料理や配膳、皿洗いなどを参加者が互いに協力していることにも興味が湧きました。

前章で紹介した無料の学習塾のケースなども含め、他にも知恵を凝らした活動が全国の各地域で実施されています。ところが、このような活動があること自体を知らない人も多いのです。地方公共団体のＨＰを参照すれば活動の概略はわかります。誰でも参加できるものが大半なので見学に行くのもいいでしょう。興味が湧かなければスルーすればいいだけ。軽い気持ちでどんどん参加してみたいものです。

PTAの仲間との付き合いが新たに発展

多層的なつながりを確保するためには、新しい仲間だけでなく、かつての人とのつながりを再生することも必要だと取材から感じています。

子どもが通っていた学校のPTA会長を務めたことがある60代の男性Mさんが、定年後に当時の役員とあらためて付き合い始めたという事例もありました。

現役で働いている時は互いに忙しくてそれほど会えなかったのですが、Mさんが会社を辞めると、他の人たちも時間に余裕ができていたのです。会社員だけでなく、小売店で商売している人、親の職業を継いで旅館を経営している人、職人やカメラマンなどのフリーランスとも話し合うことができて、「会社だけで世の中が成り立っているのではない」ことにあらためて気づいたそうです。

それを通じて「会社員としての自分」「定年退職者としての自分」をあらためて考える機会になったと語っていました。

また、子どもが手を離れてから、かつてPTAの活動で知り合った仲間と一緒に、地域の公民館などで絵本の読み聞かせの活動を行っている70代の女性もいました。

これらのケースでは、以前に一緒にPTAの活動をした仲間と、時間を経てあらためてつながりができています。特に、同じ組織にいた人、同じ活動をした人たちとは、気心が知れていて、安心して付き合うことができます。新たな関係づくりにかける金銭的、心理的なコストも割愛できるでしょう。

往年の人とのつながりを呼び戻すことは、安心感を得られるだけでなく、自分の居場所を探す貴重なスタートラインの一つなのです。

「ズーム同期会」で和気あいあい

私が以前勤めていた会社の同期会は定年後も継続的に行われていたのですが、コロナ禍の影響で中止になることが続きました。そこで一度ズーム（Zoom、オンライン会議などを行えるネット上のサービス）を使って集まってみようかと思いつき、私とSNSでつながっているメンバーに、土曜日の午後に気楽に話さないかと連絡してみました。

12人が参加して、私が司会役となって一人ひとりから近況報告をしてもらいました。各自の自己紹介に対して、他の参加者から質問が入りながら話が進みました。久しぶりだったこともあって和気あいあいと情報交換ができ、90分はあっという間でした。

60代半ばを超えて引き続き現役で働いている人、読書三昧の日々で2年で10キロ太った人、週に3日働きながら大学院に通って博士号を取得した人、病気が発覚して一旦仕事を辞めたが再び働き出した人、プライベートだけの生活になって気楽な反面、人恋しい時もあると語る人、家での主夫業に勤《いそ》しむ人、地方に移り住んでもう何もするつもりはないと語る人など、それぞれの近況に聞き入りました。

また「彼は親と一緒に住むために故郷に帰った」や「彼は地元でボランティア活動に取り組んでいる」など出席していない人の消息も参加者から紹介されました。

当日は参加した全員が今までになく仲間の今後の過ごし方に真剣に耳を傾けていたような気がしました。翌日には、参加者から「皆の現況は大変興味深かった」というメールをもらいました。

今までは働いていた会社という共通の土壌がありましたが、今後は各自の道を歩き出すことになります。互いの情報交換を通してヒントをもらえることもあるでしょう。若い時からの友人が、どのように老後を過ごしているのかを知ることは、自身の生き方を考えるうえで大きなヒントになるはずです。

手っ取り早く同窓会を開く方法

昔の仲間を呼び戻すという意味では、学生当時の友人とのつながりを再構築することも有効でしょう。

繰り返しになりますが、定年後に人とのつながりを確保するために新たな仲間を探して付き合うことはそれほど簡単ではありません。興味のある趣味の会に入っても、新入りに対してマウントをとってくる先輩もいて骨が折れるという話を聞いたことがあります。

それを考えれば、学生時代の友人は少し話をすれば昔の姿や性格も互いに知っているだけにすぐに懇意になれます。年齢も同じなので抱えている生活上の課題なども共通していることが多いものです。気の合う人とだけ付き合えばよいので嫌だと思えば会わなければよいのです。ただ同窓会では過去の話ばかりになるので自分には合わないという人もいます。そういう人は別の居場所を探せばいいでしょう。

ところが、各自の連絡先を調べて、懇親会を行う会館や飲食店を予約して、案内を送り同窓会を開催するのは結構な負担になります。幹事を嫌がる人も多いでしょう。

そこで私がやってみたのは、とにかく連絡がつくメンバーで集まってみるというやり方です。「土曜日の夕方5時に小学校の校門前に集合」とだけ決めて連絡すると、小学6年生で同じクラスだった6人が集まりました。50年ぶりでも何人かはSNSでつながっているのです。メールアドレスを知っていれば、一斉メールなどの方法も有効だったでしょう。

6人で校区を歩き、小学校の前にあったソロバン塾や駄菓子屋の思い出を語りながら、当時のそれぞれの家に行ってみました。友人の家の前で犬にほえられたことを思い出すから面白いものです。校庭も広場も各自の家も、当時よりもとても小さく見えるのが不思議でした。

このやり方だと70代に入ってから気軽に集まることができます。幹事になっても負担にはなりません。実際に70代後半の仲間で平日の昼間に楽しく語り合う機会を持っている同級生のグループもあります。

私は最近、街で小学校や中学校の同級生とばったり出会うと、その場で喫茶店に入って話すか、当時の仲間も誘って懇親する場を持つようにしています。ここで話しておかないともう二度と会えないかもしれないという気持ちがあるからです。

「もうこの年齢まで来れば、面白くないことはやらずに、昔の友人と腹から笑いながら語り合える場があるのが一番良い」という知人もいます。私も同感です。

同窓会を公式のものにせずに、気楽に仲間が集まる母集団だととらえてみたら良いでしょう。

定年後こそネットのつながりを活かす

最近はネットを日常的に使いこなせる70代も増えています。総務省の「通信利用動向調査」によると、高齢者層のSNS利用率も右肩上がりで、2021年時点では60代の約7割が利用しています。

私の周りでも検索や閲覧だけでネットを利用するのではなく、パソコンやスマホを操作して趣味や暮らしの様子を自ら発信する人たちが目立つようになりました。

60歳近くからパソコンを使い始め、開発したアプリが大手IT企業の目に留まり、80代で大ブレイクした若宮正子さんもいます。講演でご一緒したことがありますが、とてもエネルギッシュな方でした。彼女のレベルは例外としても、高齢者のネット活用が進んでいることは間違いないでしょう。

実は、私はIT音痴で、コロナ禍前までは、ワードで文章を打つくらいしかできませんでした。ただ大学での遠隔授業に対応する必要があったので同僚の若い先生に教えてもらって、ズームと学内の授業サイトを何とか使えるようになりました。

ズームも毎回活用していると授業中にグループ討議や個人面談もできるようになりました。最近は個人の打ち合わせや取材にもズームを利用することが増えました。

プライベートでも、フェイスブック（Facebook、SNSの一種）は人とのつながりの貴重なツールになっています。手軽にコミュニケーションできるのが魅力です。

70代半ばで、週に3日、人材系の会社で働いているTさんは、趣味の旅行や食べ歩き、興味のある出来事などをフェイスブックにアップすることを覚えてから、今や生活の柱になっていると語っていました。

大阪空港近くで発着する航空機の写真を撮るのが趣味の70代男性Nさんは、写真をSNSなどにアップしていたことが縁で、彼の写真が雑誌に取り上げられたこともあります。また料理好きの女性が、ネットに自らの手料理の写真やレシピをアップして反応のコメントがもらえることが嬉しいと語ります。

いずれも、発信内容を読んでもらって「いいね」やコメントをもらうことが楽しいそうです。承認欲求を満たしているとともに、写真仲間や料理仲間の交流の場になっているのも特徴です。取材でもユーチューブ（YouTube、ネット上の動画投稿サイト）を見ていると話す人が、ここ数年で一気に増えました。

団塊の世代に話を聞くと、SNSは使いこなせる人とそうでない人に二極化するそうです。使いこなせた方が人とのつながりが広がるというのはこの世代も同じ。たしかに写真を撮ってもアップする場所があるとないとでは違ってくるのでしょう。

コロナ禍以降は、ズームなどのオンライン会議や講演会、セミナーなどの機会が増えています。私の周りでいえば、母親が入居した老人向け施設の「家族向けの運営説明会」も新たにズームで開催されることになりました。

これからはネットを活用して人とのつながりを確保することも意識しておきたいものです。ただSNS内では、目立とうとして意見が強硬になる、互いに競争意識が出てきて嫌な気分になるという人もいるので、使い方には一定の配慮が必要です。

夫婦間の意思疎通は怠らない

定年までバリバリ働いていた男性がリタイア後に気をつけなくてはならないのは家族との関係かもしれません。社内では羽振りが良くても、家に入れば役員も平社員も同じです。なかには妻に頼りきりになる人もいます。

これは世代によっても異なるのでしょうが、昔気質の男性だと「今日の昼飯は何だ」「コーヒー淹《い》れてくれ」などと、上から目線で家族に接しがちです。特に、「俺が家族を養っているのだ」という意識が強い人ほどそうなるようです。

会社の仕事中心で働くことができたのは家族のサポートがあったから。家族を養う力があるというと、お金を稼ぐことを中心に考えがちですが、実際には身の回りの衣食住をきちんと処理できることも大事なのです。

定年後は、生活に重点が移ります。今まではお金を稼ぐという意味での生活力を最大限にするために、衣食住を整えるという意味での生活力は家族に依存していたわけです。昨今の現役世代は、共働きも多く、稼ぐという意味の生活力の不均衡は小さくなっているように思います。

以前、60歳を過ぎた女性たちに、「定年後になって旦那さんとの関係はどうですか」と取材して回ったことがあります。実際の状況は千差万別というか、夫のことをボロクソにいいながらも言葉の奥に愛情が感じられる場合もあれば、それを語る顔つきを見ると本当に嫌がっていて、完全に冷め切っているケースもありました。

家族のあり方はいろいろあって然《しか》るべきなので、「定年後はこうあるべきだ」などと一括りにはできません。ただ取材をしてみて、お互いに率直に話ができる関係が成立しているかどうかが、うまく長続きする秘訣《ひけつ》ではないかと感じました。きちんとコミュニケーションがとれていれば、表面上は、バラバラに離れているように見えても、大丈夫だという感じです。

第2章でも一部を紹介しましたが、60代後半になって離れて住んでいる夫婦もいます。夫は関西で職を持って働きながら、妻は東京の実家に住んで時々夫の家に立ち寄るとか、妻が夫とは離れて住みながら大学で教えている例などです。また地方に住む高齢の母親の介護のために、一旦は生活の中心を地方に置いて、家族の住む都会と行き来する生活をしている男性もいます。

離れて住む方が、かえって良い関係が保てると話していた友人もいます。「家族との結びつきが75歳以降に楽しく過ごすためのインフラになる」と語った団塊の世代の男性もいます。

いずれにしても夫婦仲良く過ごしている彼らの姿を見ると、きちんとコミュニケーションがとれていれば問題ないということでしょう。夫婦は死ぬまで一緒に同じ家で暮らさなければならないとまで考える必要はありません。

誰もが「ひとり暮らし」に備えるべき

定年の前に企業で実施されるライフプランセミナーでは、夫婦を前提とした老後の話に終始していることが多く、それも男性向けの話題が中心です。とはいえ、熟年離婚や未婚者が増えているためか、シングルで定年を迎える人は少なくありません。

主に独身やひとり暮らしの方々に読んでもらうページを担当している新聞記者から取材を受けたことがあります。出来上がった記事を読んでみると、ひとりで定年を迎えた人たちのいろいろな姿が紹介されていました。

金融機関から出向した先で再雇用された男性は、週に2回パートで働きながら英会話や水泳、観劇も始めて、婚活サービスにも登録していました。自治体に勤務していた女性は、演劇やコーラスなどの趣味を楽しんでいました。当然のことですが、一人ひとりに様々な生活があって決まったモデルなどはありません。

その記事で、私のコメントも紹介されました。「私の取材した範囲では、シングルの人たちは定年後、割と順調に自立して過ごしている印象がある。家族に依存することはないし、また、家族を言い訳にせずシンプルに自分なりの決断ができるからでしょう」。今もこの印象は変わりません。

ひとり暮らしで長く現役時代を過ごしてきた人は、割とスムースに定年後を迎えているのです。問題は75歳を過ぎて老いが身に染みる頃になって、ひとりだけで対処できないことが生じてきた時でしょう。先ほども述べた、遠くの親戚より近くの他人というか、身の回りのちょっとしたことを頼める人とのつながりがポイントになると思います。ただし、これはひとり暮らしの人の問題だけではなく、配偶者を亡くすと同様な課題に誰もが直面するわけです。

そういう意味では地域の人と交流できているかどうかは個人の好みだけの問題ではなく、生活上のリスクともかかわってくることになります。

定年後に身につけたい「家事力」

私が地域での人のつながりが大切だと感じたのは、ひとり暮らしの男性が社会福祉協議会に生活支援を求めていた様子を目のあたりにした時のことです。職員から、「助けが必要になってからではなく、元気なうちに地域で活動していれば、もっとスムースに援助ができるのに……」との言葉を聞いたのです。

発言の真意を私がその職員に確認したところ、何らかの形で周囲の人との関係やつながりがあればいろいろな場面で互いに助け合うことができる。地域住民が相互に支え合う方が、人同士のつながりは強く、その範囲も広くなるからだということでした。「手助けが必要な人」という立場だけでなく、「互いに支援を行うことができる人」であれば、なおさら人とのつながりは強くなるのでしょう。

これは75歳を超えて周囲の人の援助が必要になった時には大切なポイントになります。援助を受ける前から人との関係を紡いでおく必要があるということでしょう。

少子高齢化の昨今では、誰もが介護する側に回る可能性があります。配偶者が要介護状態になることもあれば、自分の親をみるだけで精いっぱいで配偶者の親の介護まで取り組める余裕がない場合もあるでしょう。

さらに、今は配偶者がいてもいずれはシングルになります。「自分は介護を受ける立場だと思っていたのに、妻が先に逝ってしまった」と語る60代後半の男性もいます。その時に子どもと一緒に暮らせるとは限りません。そう考えると、やはり近くにいる知人が頼りになるのです。

介護をする人たちが情報交換をしているグループの世話役の女性に対して、「中高年以降の男性は、定年後を見据えてどう対応すればよいと思われますか」と聞いたことがあります。

すると、彼女からは「会社の同僚だけでなく、地域の人ともつながりを持ち、最低限の家事ができること、普段から家族とのコミュニケーションをきちんとしておくこと」という回答がありました。

彼女の発言のうち、「最低限の家事ができること」という部分に引っかかりました。たしかに75歳以降にひとりで過ごすことになったり、介護をする立場になったりという可能性が誰にでもあるとすれば、最低限の家事ができることは必要でしょう。

70代の男性が、妻が病気で1か月間入院した時に仕方なく自炊をしたことで料理に目覚め、後に役立ったと話していたのを思い起こしました。

いわゆる「家事力」は、地域での人間関係を紡ぐ際の基盤の一つとなるかもしれません。私自身にも言い聞かせなければならない課題です。

「聴く力」よりも「驚く力」が大事

以前、NHKの番組に出演した時のことです。テーマは「定年準備」。私は一応、定年準備の専門家という位置づけでした。

リハーサルで最初にスタジオに入った時に、出演者が示す相手の発言に対するオーバーなリアクションに驚きました。「素晴らしい！」「なるほどそうですかぁ」「カッコいい」などなどです。自宅でテレビを見ている時には気づきませんでしたが、そばにいると、「こんなに激しく反応するのか」と驚きの連続でした。

私は平静を装っていたものの、生放送だったので出演の際には相当緊張していました。MCは藤井隆さんと濱田マリさん。ゲストは私だけだったので発言の機会も多かったのです。番組の途中で自分がいつもよりスムースに話せていることを自覚しました。同時にそれを支えてくれているのが、藤井隆さんと濱田マリさんの驚きを伴った反応であることに気がついたのです。

彼らのうなずき、相槌、興味を示した質問に助けられていました。サラリーマン同士がスタジオで語り合えば、こんな円滑な会話にはならないでしょう。

私はその後、当時の大学の授業やゼミで試してみました。「へぇ〜。すごいなぁ〜」「おもろいな〜」「そんな考え方もあるのか〜」といった具合です。すると、なぜかしゃべっているこちらも元気になってきます。その後、学生から「先生は私たちを否定しないからうれしい」という言葉をもらったことがあります。こうした応答のおかげもあったのでしょう。

コミュニケーションでは話を聴くことが強調されますが、加えて驚くというリアクションを意識すれば、さらに円滑に進みます。驚くのは大げさすぎるというのであれば、「なるほど」とうなずきながら相手の話に反応してみてください。新たな人間関係を円滑に築くための近道になると実感しています。

第4章

一生お金に困らない生き方

「四つの命」を意識して生きる

厚生労働省は２０２１年12月、健康上の問題がなく日常生活を支障なく送れる期間を示す「健康寿命」が、２０１９年は男性72・68歳、女性75・38歳だったと発表。前回の調査と比べて、男性で０・54歳、女性で０・59歳延びています。

ただ、前にも述べたように、皆さんの周囲を見渡していただいても、実際には日常生活を普通に過ごせるという意味では、多くの人が80歳近くまでは元気に過ごしているのではないでしょうか。

「令和３年簡易生命表の概況」によると、高齢者と呼ばれ始める65歳時点の平均余命は、男性19・85年、女性24・73年になっています。年齢に引き直すと、男性は85歳、女性は90歳くらいまでは生きる計算になります。いずれにせよ、一定年数は他人の助けを必要とする期間があります。これが介護を受ける状況にもつながるのです。

私も70歳に近づいて周囲に健康面の問題を語る人が増えているので、これらの数値には自然と目が行くようになりました。

一方で、最近は「資産寿命」という言葉も使われるようになりました。老後の生活資金が枯渇するまでの年数といった意味で、寿命が延びても安心して暮らせるように資産寿命を延ばすことが強調されています。お金が大事であることは間違いありませんが、あまり強調されすぎると高齢者がますますお金を使わなくなる方向へ誘導されてしまう懸念もあります。

私の周りにも保有資産に十分な余裕があっても、国からの公的年金の2割以上は必ず貯金に回すという人や、銀行通帳の残高が減ると不安になるので必要以上に節約に走る人もいました。高齢になると、保有資産の額も個々のばらつきが大きいので、一般論や平均では実態を表していないこともあり、注意が必要です。

老後はこれに加えて「労働寿命」という考え方もあるそうです。何歳まで働けるかということです。一般には「生涯現役」というのは、できるだけ長く働いている状態のことです。

私が会社を退職した人たちに話を聞いた実感では、70代後半から全く新しい仕事や趣味などに取り組むのは容易ではありません。この年代になると旅行や美味《おい》しいものを食べ歩くことも徐々に日常的な行為ではなくなってきます。

つまり自由にお金を使って楽しむことができる期間には一定の限度があるのです。資産寿命の延命ばかりに気を取られていると、先に健康寿命が尽きて有効にお金を使う機会を逃してしまうことになりかねません。

これら「健康寿命」「資産寿命」「労働寿命」に加えて、前述した「平均余命」の四つの命を考慮しながら過ごす必要があります。

働き続ければ健康面にもいい影響

定年後のお金に関する私の取材では、自分が死ぬ時には一定額を相続で家族に分け与えたいと考えている人、自分の葬儀代だけ残せばよいと割り切る人、家族間で深刻な相続問題を経験したので子どもたちには一切お金を残さず自分で使い切るか、残れば役立つところに寄付をしたいと語る人などがいました。

第1章で触れたように、75歳を過ぎると身体的に大きな衰えが始まる人が多いので、「自分の最期」までのお金の収支見通しを元気なうちに立てておくのがよいかもしれません。例えば、受け取っている公的年金の額を前提に、後に紹介する「財産増減一括表」を使って、自分の財産の推移を概ね把握することができれば、死ぬまでに毎年

「どのくらい使えるか」が見通せるようになってきます。

ちなみに75歳以降の不確定要素で一番大きいのは、老人向け施設に入居するなどの住居関係の経費でしょう。

私は親の介護に伴って多くの施設を見学しましたが、70代半ばまでに情報を得ておけばおおよその見当はつきます。特別養護老人ホーム（特養）、有料老人ホーム、サービス付き高齢者向け住宅などいくつかの種類がありますが、実際に見学して説明を受けると、どんな違いがあり、どの施設が自分に合いそうか、予算はどれくらいになるかがわかってきます。

資産寿命を延ばさなければ、生活が苦しくなる状態が予想される人もいるでしょう。ただし資産とはお金だけに限りません。定年後も、引き続き働けることは、資産形成の大きな助けになります。仕事をすれば収入を得ることができるだけでなく、健康面への好影響も期待でき、医療費などの支出を減らせます。その結果、労働寿命を延ばすことにつながっていくのです。

実際、高齢者の就業率は毎年伸びていて、先述したように65歳から69歳では半数以上の人が働いています。仕事は定年で終わりということではありません。

講演でお会いした70代半ばの男性は、営業マンだった経験を活かして営業代行の仕事で数社から業務委託を受けて活躍していました。彼のイキイキした表情と、はつらつとした身のこなしを見ていると、働くことは間違いなく健康寿命と労働寿命を延ばす要因になっていると確信したのです。

知人の70代前半の男性Tさんは、学生時代の友人や会社員時代の同期の訃報を聞くにつけて、定年後も何らかの仕事をしておくことが一番大切だと実感するそうです。仕事によるルーティンをこなして日常の生活リズムができれば、毎日快活に過ごす原動力になると語っています。

逆に健康を維持していなければ十分に働くことはできません。「健康寿命」と「資産寿命」「労働寿命」を相互にうまくコントロールすることが求められています。

70歳まで気軽に働ける時代の到来

最近は、「人生100年時代」という言葉が定着してきました。この言葉を聞いてどのような気持ちになるでしょうか？

2021年4月から「改正高年齢者雇用安定法」が施行されました。「70歳定年法」や「70歳就業法」と呼ばれることもあって、「70歳まで働かなくてはならないのか」と誤解している人もいます。法律の趣旨は、企業側に70歳までの安定した働く場を確保するよう努力義務を課したものです。働くことを強制されたり、不利益になったりするものではありません。

ご承知の方も多いでしょうが、2013年に「65歳までの雇用確保措置」はすでに義務化されています。今回の法律は、その次のステップに向けた対応になっています。

このように国や企業は70歳まで働く条件整備を進めています。それらに応じて、個人側はどのように対応すればよいのでしょうか。

この法律が定められた背景には、日本人の寿命が急激に延びたことがあります。

シンガーソングライターの井上陽水さんの1972年発売の『人生が二度あれば』の歌詞を読むと、時代の変化に驚きます。65歳の父親と64歳の母親のことを思いながら、「人生が二度あれば」と歌い上げます。ところが今の65歳はまだまだ若く、多くの人が第二の人生を持つ時代になりました。曲の発売から50年が経ち、年齢に伴う景色が大きく変わってしまったのです。「70歳就業法」の制定に関して行われたアンケートで、「定年後まで働くなんて嫌だ」とか、「公的年金の受給年齢が60歳から65歳に変更されたことは許されない」と厳しく批判している人もいます。気持ちはわかりますが、時代はもう変わっているのです。

これだけ寿命が延びて、少子化も進んでいるなかでは、70歳まで働くことも視野に人生設計を立てた方が、ずっと気楽ではないかと思うのです。

「仕事ロス」を感じるのは元気の証

ＮＨＫの情報バラエティー番組のディレクターが、私に話を聞きに来た場面が2020年1月にオンエアーされました。テーマは、「シニアを襲う燃え尽き症候群〝仕事ロス〟の恐怖」です。

番組の冒頭では女性ばかりの和太鼓教室で、ただひとり太鼓をたたき続ける男性Ｏさん（70歳）が登場していました。和太鼓教室に通っている理由をディレクターが聞くと、「現役の時は、余暇を楽しむ時間はなかったが、会社を辞めちゃうとヒマなんですよねぇ」という答えが返ってきました。彼は2年前に仕事を辞めてから時間を持て余していました。

スタジオにいた女優の木村佳乃さんは、Oさんの姿を見て「まだまだ働けそう」と語っていました。

彼は、長年機械メーカーで働き、若い時はアラブ首長国連邦でプラントの設計を任されるなど、数多くの大型プロジェクトに携わってきました。当時はほとんど休日もなく働いたが「自分が燃えた時代だ」と語ります。

自宅にいて、彼がつい足を運ぶのは羽田空港行きのバスの停留所。現役の時には毎週のように乗っていたので懐かしさとともに、バスの乗客を見ると羨ましくなるのだそうです。それに対して、木村佳乃さんが「祖父も仕事を辞めて、うつっぽくなっていた時期があった」と話していました。

その後、ディレクターはゲームセンターに平日の昼間から多くのシニア世代が来ているという情報を得て、現場に足を運びます。そこでは、「ついつい毎日のように来てしまう」「携帯電話が鳴らなくなったのが寂しい」などの声が聞かれました。

私はそのディレクターから研究室で「なぜ〝仕事ロス〟になるシニア世代が増えているのですか」と問われたので「それは皆さんがお元気だからですよ」と答えました。

戦後一貫して寿命が延び続けていて、まだまだ元気。定年後の自由な時間は8万時間にもおよび、日本の歴史上こんなに多くの自由な時間を持った時代は過去にありません。現在は、この長い持ち時間をいかに豊かに使うかの知恵が求められています、と指摘しました。

定年後、「仕事ロス」に陥らずに、いかに充実した日々を過ごすかという課題は、NHKの番組にも取り上げられるほどポピュラーなテーマになっているのです。

それは、いったん長い現役を終えた後に、仕事に代わるべきものをどのようにして探すかという、第2章、第3章で述べた課題とも重なっています。

一見すれば大変だと思う人がいるかもしれませんが、元気な自分が新たな生き方を探すことができる、またとないチャンスでもあるのです。

70代でイキイキ働く人たちの共通点

総務省統計局は、「統計からみた我が国の高齢者―「敬老の日」にちなんで―」と題したトピックスを2022年9月に発表。日本の総人口は減少しているにもかかわらず、65歳以上の高齢者の人口は3627万人と過去最多になっています。高齢就業者数は、18年連続で増加し、909万人と過去最多。また65~69歳の就業率は50・3%で、初めて50%を超えています。雇用形態別に見ると、65歳を超えた非正規の職員・従業員は75・9%で、正規雇用の社員は圧倒的に少数派です。

これらの数値は日本の高齢化を反映したものなので、この傾向は今後も変わらないと思います。高齢者にとっては生活防衛の観点からだけでなく、働くことが刺激となり、人との出会いの場にもなるため、ますます仕事を続ける人は増えるでしょう。

私は、ここ10年ほど定年退職後の会社員の取材を続けてきましたが、先ほどの909万人という高齢就業者は二極化しているのではないかと判断しています。

一つは、現役時代の仕事の延長線で、自己実現を目的に働いている人たちです。もう一つは、現役時代とは異なる仕事を現場でしている人たちです。

前者の例としては、現役時代の営業スキルを活かして、取引先の若手営業マンを指導する仕事に就く人や、今までの経理の仕事にFP（ファイナンシャル・プランナー）の知識を加えて中小・零細企業の社長に対する財務コンサルタントとして独立する人がいます。私の会社員当時のF先輩は、59歳で社会保険労務士の資格を取得して、定年後に独立。70代半ばの現在も数人の従業員を雇用しながら事務所を経営しています。

このグループは定年前からその仕事に取り組んで助走している人が大半です。

後者の現場の仕事で働いている人たちにも取材を重ねました。旅行会社で定年まで勤めたMさんは、早朝にスーパーの荷物の搬入の仕事に取り組みました。今まではデスクワークが中心で体を使って働くことは初めてなので、当初は気が進まなかったそうです。ところが実際にやってみると爽快感を得ることができて、生活リズムもついて健康診断の数値も良くなったと喜んでいました。

ネットで受注する印刷会社で働いていたAさんは、パートでやってくる様々な年齢の人たちと仕事の合間に交わす会話が楽しいと話します。長い金融機関勤めでは、決して感じることができなかった「自然体のいい気分で仕事ができることが何よりもうれしい」と語ってくれました。

現役時代にメーカー勤務だった男性Sさんは、退職後は人材派遣会社やハローワークに通うもなかなか仕事が決まりませんでした。気分的に追い詰められて悲観的になり、ようやく決まった仕事も想定より給料はかなり少なかったそうです。しかし働くことができる喜びを感じて精神的に安定したといいます。当時は収入のことばかり考えていましたが、支出を見直せば何とかなることがわかったと喜んでいました。

現場でイキイキと働く人たちの共通項は、目の前の仕事の「良い面」を見つけていること。自分の足元にある仕事や生活を楽しめることなのです。

70代以降は「職住接近」で生涯現役

先日、日本経済新聞を読んでいると、「シニア店員、コンビニで奮闘」という見出しの記事が目に飛び込んできました。自宅から近い店舗を選べるほか、体力や都合に合わせた曜日・時間帯で勤務できます。

記事では、都内で働く二人の事例を紹介していました。ローソンで働く70歳の女性は週に4日午後5時~10時まで働いて、月収は8万~9万円。「元気なうちはずっと働きたい」と話します。セブン-イレブンで働く73歳の男性は月曜日から金曜日の午前8時~午後4時までのシフト勤務で働いています。「仕事を任せてもらえることが働く喜びにつながっている」と語っていました。コンビニ側も自治体などと連携してシニア世代向けの説明会を実施しているそうです。

70歳を超えると、通勤に長い時間をかけないで職住接近で働く人が増えてきます。例えば、「シニア人材センター」で働く男性Kさんは、大手企業で定年まで働いて公的年金に加えて企業年金も受給しているので、働かなくても生活には困りません。

しかし、70歳を目前にして、家でゆっくりしている自分と、週に何日かでも働く自分のどちらが充実した生活なのかを比較した結果、自宅近くで働くという選択をしました。誰かの役に立ったり、誰かに求められたりすると感じることは、やはり大切なのです。

日々、趣味を中心に過ごしていた70代の知人男性Tさんは、昔の仕事仲間から手伝ってくれないかと声をかけられ、「地元で昔の経験が活かせると思うとワクワクしてきました」と喜んでいた姿も印象的です。さらに、がんで闘病生活を送った60代後半の男性も、仕事ができることがこれほど価値があることだとは思わなかったと自宅近くで働いています。働くことを中心にした生涯現役という考え方は、高齢者のあらゆる課題に対する「最強の処方箋」ではないかと、私は思うのです。

若い世代との職場づきあいのヒント

生涯現役を考えた時に、ぜひ紹介したい作品があります。映画『マイ・インターン』です。2015年にアメリカで公開されて日米でヒットしました。

ロバート・デ・ニーロ演じる70歳の新人・ベンが豊富な経験と人柄をもとに、若き女性経営者を支える様子を描きます。ベンは仕事を辞めて趣味中心の生活を楽しんでいました。ただ何か満たされない日々が続くと感じ、そのぽっかりした穴を埋めたいと思ってシニア世代を対象にした採用に応募します。

彼は若き女性経営者がマネジメントするファッション通販の会社にシニア・インターンとしてやってきます。若者ばかりの社内で当初は浮いた存在でしたが、その誠実で穏やかな人柄で周囲の人に接していきました。

過去に電話帳会社に40年間勤めた経験も活かしながら、仕事に追われる社長秘書に適切な助言を与えます。秘書は９か月間、「必死で業務をこなしているのに社長から何も任されない」と嘆いていました。ベンは作成した顧客動向を示す購買パターンの分析表を秘書のおかげで出来上がったと社長に渡します。同時に、ベンは秘書を「ボス」と呼び、彼女の満足げな笑顔を引き出す。自分を使って業務過多を解消すれば、ストレスも減り、友人と過ごす時間もつくれるといったアドバイスもします。

若き女性経営者も初めこそはベンとぎくしゃくしますが、40歳年上の彼といると「なぜか心が落ち着く」といい始めます。彼の人生経験からくる様々なアドバイスや気遣いに触れて信頼を寄せるようになっていくのです。

こんな70歳になりたいと映画を観ながら何度も思いました。映画の中で、主人公は自らのモットーを示します。「正しい行いは迷わず行え」「行動あるのみ」。シニアにとっても必要な心構えなのかもしれません。

働くことで新たな人脈は増え続ける

私自身は若い頃から、何でも話せる友達を見つける場として会社を活用すればよいと思ってきました。同僚だけでなく営業で相手と交渉する時にも友人づくりを意識していました。転勤すれば各地域に仲間を見つけるチャンスもあります。

仕事を辞めると人との出会いの場は減ります。もし今、週に何日かでも働いているのであれば、友人をつくるくらいの軽い気持ちで仕事を続ける手もあります。

決まった時間にきちんと人が集まる機会は仕事以外ではそれほど多くありません。

また仲間づくりを意識することで仕事をより円滑に進めることができるかもしれません。

私はよく仕事場で、「あなたの好きなことは何？」「最近何かいいことあった？」「これからやりたいことは何ですか？」と周囲の人に聞いていました。

職場では当然ながらその人の肩書や社内の立場を意識しながら人と接します。「好きなこと」や「これからやりたいこと」を聞くと、その人の私的な一面が垣間見えるので、互いに親近感が湧きます。結果として友達になりやすいのです。

「何のために仕事場へ行くのか？」と問われれば、「仕事をするため」「お金を稼ぐため」と答えるでしょう。それにプラスして相手の好きなことや、どんなことに気持ちが動くのか、将来どうありたいのかといったことを知っておけば、相手とのコミュニケーションはより円滑になります。

飲食店などで「私の好きなこと」「これからの夢」などを書き込んだネームプレートを付けている店員の姿を見かけたことがありますが、会話のきっかけになりやすいものです。この活動は、どんな職場で取り入れてもいいのではないでしょうか。上司や同僚だけではなく顧客にも友達ができるかもしれません。仕事を通して新たな人とのつながりを増やすことを、もっともっと意識して良いと思います。

老後の「お金の不安」の正体

皆さんの記憶にも残っているでしょうが、２０１９年に金融庁の金融審議会が出した報告書が大きな物議を呼びました。公的年金だけでは老後資金は２０００万円不足するという内容が衝撃的に報じられたのです。

果たして本当でしょうか。私は60歳で定年退職した直後に、証券会社で老後資金のシミュレーションを受けました。顧客相談ブースで、現在の財産額、家族構成、月額の生活費、月額の予想収入、受け取る厚生年金の想定額などに答えていきます。担当者がそれらをパソコンに入力すると、60歳以降の年齢の経過に応じて財産がどのように変化するかを一覧で見ることができるのです。90歳時点の私の財産はマイナスになっていました。「90歳で蓄えがなくなる」と指摘されて驚きましたが、定年後は無収入になる前提で計算していたので違和感が残りました。

私の周りでは、60代で働いていない人は少数派です。雇用延長によって定年まで働いた会社でそのまま働き続けている人も多い。先に述べたように、総務省の統計では、65歳から69歳の高齢者の半数以上は働いているという結果も出ています。

また、証券会社のシミュレーションでは毎月の生活費は一律として試算しますが、実際には60歳時点と80歳を超えた時の生活費はかなり違ってきます。私が両親を見ていて、80代にもなれば、行動範囲が狭くなり食も細る。日常生活ではそれほどお金を使いません。使えなくなるといった方が良いかもしれません。

総務省統計局の家計調査（２０２１年）でも、二人以上の世帯の年齢階級別の１か月間の消費支出の額は、50～59歳の世帯で34万１９１６円、60～69歳の世帯で28万８３１２円、70歳以上の世帯だと、22万６３８３円です。年齢が上がるにつれて消費支出の額は明らかに下がります。30年後のことを考えて不安を抱く前に、まずは現在の家計をきちんと把握することが第一歩ではないでしょうか。

資産の現状把握で不安はなくなる

私は、5年後の自分がどうなっているのかも予測できないのに、数十年後にお金がなくなるかもしれないと脅《おび》えることに大きな違和感を抱いています。「人生いろいろ、お金もいろいろ」と気楽に構えて問題ないのではないでしょうか。とりわけ高齢になると、健康面においても、収入や保有財産の面においても格差やばらつきが大きくなります。平均や標準の概念を安易に使うことはできません。

例えば、交換価値としてのお金は同じでも、心理的価値は人によって大いに異なります。大金持ちの人の1万円と貧乏な人の1万円は、心理的価値が違います。以前、画家で作家の赤瀬川原平さんが、いろいろな人に「フリーハンドで1万円札の絵を描いてください」というと、貧乏な人の方が大きく書いたという話です。稼ぎの面から見ても、時給1万円稼ぐ人と1000円稼ぐ人とでは、同じ1万円を同列に論じることはできないでしょう。

お金の使い方についても、海外の観光地を巡って多額のお金を使いたいと考える人もいれば、近場の温泉で何もせずゆったりと過ごすことが贅沢《ぜいたく》だと感じる人もいます。最低限の老後資金はもちろん必要でしょうが、金額に正解はないのです。

では、いったい何をするべきか。まずは、自分の資産をきちんと把握・管理することに尽きます。一般論や平均や標準の概念を基準にして老後資金の必要額を算出できないのであれば、自分の家計に引き直して考えるしかありません。

漠然と他人と比較したり、考えたりしていると、老後の不安はいつまで経っても消えません。安心感は、自分の資産を確認したうえで、将来も何らかの形で働き続けることや日常の生活を整えることから生まれるのです。

不安の反対語は安心だと思いがちですが、実はきちんと現状把握することなのです。

お金の不安がなくならない人の特徴

2022年10月に、BS11の『報道ライブ インサイドOUT』という番組に出演しました。テーマは、「高齢者の『小さな仕事』が日本を支える」。ゲストは、リクルートワークス研究員の坂本貴志さんと私、メインキャスターは、岩田公雄さんというメンバーでした。

視聴者の一番関心の高い問題は、やはりお金のこと。いわゆる「老後2000万円問題」も話題になりました。当時はマスコミもセンセーショナルに取り上げましたが、先ほども述べたように、この金額の算出は、夫婦とも無職が前提ですが、65歳以降も働く人は多く、すべての家庭がこれだけ不足するわけではありません。

坂本さんは、統計資料をもとに、「定年直後（65〜69歳）の収入は年金などで約25万円。支出は、現役の時よりも減るので月に約32万円。この差額を埋めるには月に10万円程度の小さな仕事をすれば良い」と説明していました。私も坂本さんと同感ですが、それに加えて家計管理がきちんとできているかどうかもポイントだと主張しました。

最も重要なのは、毎月の収入と支出はどれくらいなのか、自分がどれだけ資産（現金、株式、自宅を含む不動産など）を持ち、負債（住宅ローン、自動車ローン）を抱えているのかを大まかでよいので定期的に把握しておくことです。

それができていないと、十分な資産がありながら過度に老後の不安を感じたり、それほど余裕がないのに浪費を重ねたりしている例があります。

岩田さんは、家計に対して自分は無頓着だと話していました。取材を重ねた私の実感では、何らかの家計管理を具体的にしているのは、全体の3割程度です。

また過去に財産管理の相談に携わった立場からすると、収入の多い人が必ずしも多額の財産を持っているとは限りません。会社員で5000万円や1億円以上の資産を築いている人は、生活も地味で目立たない感じの人が少なくないのです。

財産管理の基本的な考え方は、あくまで「収入－支出」であり、自己の持つ資産や負債を把握しながら、家計に対して自己管理がきちんとできていることが一番のポイントなのです。そこから生活設計や投資が始まるという順番になります。

実際の管理の仕方はいろいろあるでしょうが、家計の状態を「見える化」して、財産とお金の収支を定期的に把握しておくことです。多くの人はこれだけで不安が解消されます。もし問題点があってもこの作業をしていれば冷静に対処できるでしょう。

私も会社を休職して平社員になった時には、年収は半分以下になりました。その時には、後述する「財産増減一括表」で家計を管理していたので、必要以上に悲観的にならずに乗り切ることができました。

繰り返しになりますが、金融機関が提示する将来のお金のキャッシュフローの予測や、統計の平均的な数値よりも、まずは自分の足元を確認することが基本なのです。そうすればお金の不安を断ち切ることができます。

「財産増減一括表」で簡単に現状把握

財産や家計を定期的に把握するというと、家計簿を頭に浮かべる人が多いでしょう。実際には家計簿をつけ始めても長続きしない人が少なくないのも現実です。日々の出費は多種多様なので、家計簿を正確に記録することは想像以上に手間がかかります。

しかし、家計簿を使わずに大雑把に財産や家計の変化を把握する簡単な方法があります。私がかれこれ30年以上も続けているやり方ですが、企業における貸借対照表（バランスシート）を参考に、半年ごとにノートに財産を記載し、変化を把握するというものです。

家計に貸借対照表の考え方を取り入れると聞くと、難しく考える人がいるかもしれません。しかし会計上の知識や専門用語も不要で、項目もシンプルなので、慣れれば30分程度で作成できるようになります。

私はこうして作成する表のことを「財産増減一括表」と名付け、1988年から半年に1回ずつ、実際にこの財産増減一括表を作成して自らの資産を管理してきました。今でもこのノートを見るだけで私の保有する財産の額やその推移を読み取ることができます。一目で財産の状況の変化を確認できるので、とても重宝して使っています。

参考までに、巻末に私の作成している一括表よりもシンプルな書き込みシートと記入見本を記載しました。趣旨をご理解いただき、自分なりにアレンジして、柔軟に記入項目を検討してみてください。ノートや手帳に自由に書いてもいいですし、巻末のシートのコピーを取るなどして、適宜活用してください。

財産の管理においては、どのような方法であれ、とにかく継続して財産の変化を把握できることが肝心です。各項目の増減の変化を眺めるだけで、収入と支出のバランスが確認でき、老後にお金を支出することが怖くなくなります。それは、生きている間にお金を有効に使うことにつながります。

「財産増減一括表」は相続の時にも役立つ

以前、「終活で重要なのは後に残る人の立場で考えること」と書いた新聞記事を読みました。終活でやるべきこととして、「財産整理」「加入保険の整理・見直し」が上位に入ったそうです。

自分の親を看取《みと》った経験のある人はわかるでしょうが、亡くなる前に親の財産をすべて把握しておくことは簡単ではありません。親や配偶者がどんな資産を持ち、どこの金融機関と取引しているのか知らない人も多いでしょう。親や配偶者が亡くなると困る人は少なくないのです。

遅くとも75歳のタイミングで、銀行の預貯金や証券会社の投資商品、不動産などをリストアップして、必要に応じて整理・集約しておくことが家族のためにも望ましいと思います。

80代にもなれば、自らが認知症を発症してしまう可能性も少なくなく、自身での財産管理が困難になることも予想されます。相続人である配偶者や子どもたちがお手上げになってしまうかもしれません。

最近では、ネット上の金融機関に預けている資産や、電子マネー、暗号資産（仮想通貨）などの相続が新たな問題として浮上しています。70代を超えてもネット銀行やネット証券を利用している人は私の身の回りにも少なくありません。

銀行員に聞いてみると、ネットの預金口座では相続人が資産の存在を知らないという問題が生じているそうです。ある証券会社の担当者は90歳を超えた顧客の取引が行われていない口座を見ると、「もう亡くなっているのだろうな」と想像するそうです。しかし証券会社や銀行の側からは連絡しないので、本来は自分の財産なのに相続人が請求できなくなるというリスクがあります。

私の取材でも夫婦や家族で常日頃から財産のことを開示している家庭は少数派です。先ほど紹介した「財産増減一括表」のように財産の全体を整理したものをノートなどに作成しておく意味合いは大きいのです。

なお、この一括表を含めた資料は一か所にまとめておくと良いでしょう。銀行の預金通帳や証券会社から連絡のあった保有財産一覧表、マンションの登記簿、保険証券などを専用の一つのカバンの中に入れておいて、「自分に何かあった時にはここを見ればすべてわかるから」と家族に伝えておくという手もあります。こうしておけば、万一自分に何かあった時も後に残る人は大丈夫でしょう。

財産増減一括表で整理しておくことは、お金の終活にも効果を発揮するのです。

不安の正体はお金ではなく「生きがい」

最近は、「投資で稼いで早期退職する」という発言をする若者が増えています。いわゆるＦＩＲＥ（Financial Independence, Retire Early の頭文字からつくられた言葉。日本語では「経済的自立と早期リタイア」などと訳される）と呼ばれるものです。もちろん退職後をどのように過ごすかは、個人の自由なので私が口をはさむことではありません。しかし、知人の定年退職した会社員の述懐には興味を引かれました。

彼は40年近く会社で働き、定年後は、旅行、散策、読書、映画、コンサートなど悠々自適のリタイア生活を満喫するつもりでした。ところがいざ始めてみると、解放感とは異なる寂寥《せきりょうかん》感が忍び寄り、世間が自分を隔ててしまったような気持ちに陥ったそうです。

話を聞いていて、先に紹介した映画『マイ・インターン』のベンが「何か満たされない日々」と話していたのと似ているように感じました。

彼がそこで気づいたのは、充実した生活を継続するためには、現役時代の仕事に代わる毎日のルーティン活動が基本になるということでした。そこから自分なりの楽しみを見つけようと再び働く先を探し始めたそうです。

趣味三昧の生活に憧れる気持ちはわかりますが、長く会社員を経験した人で悠々自適な生活に満足できる人はそれほど多くはないと感じています。

地元に戻った先輩は、ゴルフの会員権を購入して月に何回もゴルフコースに出ているものの、会社員時代のような刺激はなく、「だんだん難行のようになってきた」と語っています。「定年後は釣り三昧！」と宣言していた先輩も、実際はほとんど釣りに行かなくなったそうです。

仮にお金が貯まって働く必要がなくなったとしても、何らかの意味で社会とつながっていたいと話す高齢者は少なくありません。先ほどの世間が自分を隔ててしまったと感じた元会社員がいうように、長い会社員時代の仕事に代わる基本生活、日々の活動こそが重要な点なのです。それが見つかれば老後の不安はかなり払拭できます。

そうして考えてみると、老後の不安は、実はお金の問題ではなくて、自分の中にある未来に対する不安であり、将来の出来事に対応できない怖れではないでしょうか。貯金を多少増やしたとしても老後の不安は消えないのです。

以前、私が主宰する研究会で老後を楽しく過ごすコツを議論したことがあります。その際の結論は「日々、元気で明るく生涯現役」に落ち着きました。できないことが増えるのは仕方ありませんが、自分がやれることを楽しむという姿勢が、小さな生きがいを生む秘訣なのかもしれません。

年金は即時受給か、繰り下げか

先日、年金事務所で公的年金を受け取るための手続きをしました。公的年金をいつ受け取るかは老後のお金に関する重要なポイントなので、私の実例を参考に紹介します。

年金の受け取り方には、多様な選択肢があります。私のケースでは、①「現在の68歳から年金額を終身にわたって受け取る」、②「65歳時点にさかのぼって年金をもらう」。このどちらにするかが最初の選択でした。

②のケースでは、①に比べて受け取る年金額は少し減りますが、まだ受け取っていなかった3年半の支給額をまとめてもらうことができます。この他、③「年金を据え

置いたままにして、70歳以降に繰り下げ受給する」ということも可能です。

国の制度として受け取り方は結構柔軟なのです。繰り下げを選択すると、繰り下げた月数×0・7%が年金額に加算されます。例えば、5年間繰り下げると、年金額は42%増える計算になります。ただし、この5年間は年金による収入が一切なくなります。最終的に私は、65歳からの受給にすれば、3年半分の金額をまとめて受け取ることができる②のパターンを選択しました。

金額に目がくらんだといえなくもありません(笑)。

どのような受給方法をとるかは、いくつかの選択肢があります。私のようにできるだけ早くもらいたい人もいれば、現在は収入があるので、繰り下げの加算も勘案して70歳以降にもらい始めたいという人もいるでしょう。イソップ寓話《ぐうわ》のアリとキリギリスのどちらを選ぶかといった話かもしれません。

繰り下げ受給すると80代前半が損益分岐点になります。損益分岐点がいつになるかという時期は、年金事務所が作成してくれる「試算結果」にも書かれています。

私は80代になって有効にお金を使える自信がなく、年齢が行けば行くほどお金の価値は下がるのではないかと判断しました。また私には遠い将来に受け取るお金をあまり当てにしない方が良いという直感があります。

いずれにしてもネットで情報を仕入れるだけでなく、実際に年金事務所に赴いて、各ケースの受け取り額の試算結果を作成してもらって決めることが大切です。

老齢基礎年金と老齢厚生年金で異なる受け取り方もできますし、加給年金の有無などによって受け取る年金の額も変わってくるからです。一度決めると変更はできないので、自身の今後の生活を見据えて決断するとよいでしょう。

受給できるタイミングが来たらすぐに判断するのではなく、半年か1年程度、受給を遅らせる手続きをして、年金のない状況での生活を体感してから決断する方が良いのではないかと考えます。財産増減一括表を作成していれば、年金受給が家計へ与える影響も判断できるでしょう。不明な点があれば、何度でも年金事務所に足を運んで疑問点を確認することもできるのです。

第5章
人生の終着点をどう考えるか

人生の終着点から見つめ直せば意欲が湧く

20年ほど前、中高年以降に会社員から他の仕事に転身した人たちを取材していたことがあります。驚いたのは、病気がきっかけで異なる道を歩み始める人が意外に多かったことです。

例えば、がんの診断で医師から「5年生存率70%」と告げられ、「5年後に10人中3人が死ぬ計算か」と、映画で見たロシアンルーレットが頭に浮かび、病院のベッドの上で自分のあり方を問い直して新たな道を歩み始めた人がいました。

他にも、震災や事故、身近な人の死に接する、家族の病気、子どもの不登校などの家庭内の問題、リストラや左遷に遭遇するなど、一見すれば不遇な体験や挫折をきっかけにして次のステップに進む人がいました。

話を聞いているうち、どうやら彼らや彼女たちは自分の「死」を意識したことや、生きている時間には制約があることを深く気持ちに刻んだことで、生き方が変わったのではないかと推察するようになってきました。

もちろんすぐに次のステップに向かえるわけではありません。不遇な体験はそれ自体が大変なことで受け入れるだけでも時間がかかります。しかし、継続して自分の死と、限られた持ち時間に正面から向き合うことによって、「今」を大切に生きようという意欲が湧くのです。

アップル創業者のスティーブ・ジョブズは、２００５年に米スタンフォード大学の卒業式でスピーチを行いました。がんを宣告されて死と向き合った彼の経験に基づくメッセージです。「自分はまもなく死ぬんだ」という認識が、重大な決断を下す時に一番役に立ったと述べ、持ち時間は限られているので、自分の心と直感に従う勇気を持つことを学生たちに呼びかけました。

死という「人生の終着点」から日常の生活を見つめ直せば、逆に生きる意欲が湧いてくるケースが多いのです。第1章で述べた「リ・スターティングノート」を作成する場面においても、余命を意識することと、自分の持ち時間には制約があることを自覚しておくことが重要だと、私は考えています。

これは墓をどうするか、遺言書を書くかどうか、相続財産をどう配分するか、などの「終活」の手続きとは異なります。毎日生きていることと並行して死は存在しているからです。

人生100年時代になり、多くの人が、いかに生きるか、いかに死ぬか、について考えざるを得なくなりました。これは大変なことである反面、自分の進む道を自分で選択できる幅が広がったとも考えることができます。

80代にもなれば、自然と余命を意識し始めます。取材でも60代に比べて余命について話す人は多くなってきます。75歳時点で、生きることのなかに併存している死を取り入れることは十分に意味があると思えるのです。

限られた時間を意識して大切なことに気づく

人生の終着点の話を人生の来し方という点で考えてみると、ひとりの生涯のなかには、積み立て型の時期と逆算型の時期があるといえそうです。

若いうちは、社会に適応するために新しい技能を身につけ、家族を養うことを第一義にして人生で得るものを積み重ねていきます。そこでは、いくら稼ぐことができるか、自分の能力やスキルをどのくらい高めることができるかがポイントです。将来の目標のために本当にやりたいことや欲しいものを我慢して頑張っている人も少なくありません。能力やスキル、経験などを積み立てている時期といえるでしょう。

一方、中高年期を迎えた頃からは、自分の寿命を意識し始めて、その終着点から現在の状況を把握して考える方向に徐々に移行していきます。この期間を逆算型で生きる時期といっても良いでしょう。もっとも一度に転換することはできないので積み立て型と逆算型の生き方との矛盾を抱える時期も続きます。

稼得能力やスキルの重要性は理解していても、それだけでは長い老後を満足して過ごすことはできないと思い始めるのです。取材では40代後半くらいから少しずつ逆算型に移行を始める人が多いという印象です。

逆算型とは、現在の私に引き直すと原稿の締め切りがあるから執筆に集中できるようなものかもしれません。「元気で働ける年齢を75歳までとするなら」「残りの人生が10年あるとすれば」と区切りをつけながら暮らすことの重要なポイントは、いずれも終着点というか締め切りを意識しながら、自分の未来を考えていることです。

今日が自分の最後の日であると知ったなら、「やることがない」という人はいないでしょう。

いずれ寿命を全うするという意識は、怠惰《たいだ》な毎日や自分勝手な思い込みなどから解き放たれて、本当に自分にとって大切なものに気づく機会になります。

死に対する思いを語り合える友人も必要

自らの余命を意識することは価値があるとしても、そのことを語り合う機会はほとんどない人が大半でしょう。２０２２年度、私は大学院の聴講生として「死生学」のゼミを受講しました。各自が専門書の各章を担当しながら、発表して議論をするという進め方でした。自身の病気、家族との葛藤、身近な人の死、震災に遭遇した体験などを通じて意見交換する機会もありました。

ゼミのメンバーの話を聞いていて、自分が子どもの頃にいつも寝床で考えていたことを思い出しました。「人は死んだらどこにいくのか？」「宇宙の果てはどうなっているのか？」「昨日の自分と朝起きた自分は、本当に一緒の自分なのか？」という三つの疑問です。小学校4年生の時に亡くなった祖母の死を受け入れることができなかったからかもしれません。

宇宙の果てにもその果てがあるはずだという問いかけは、死んだらどこに行き着くのかという疑問とつながっているような気がします。昨日の自分と今日の自分は同一なのかという奇妙な問いも、毎晩死んで毎朝生き返ることかもしれないと考えると、輪廻転生とも関係していそうに思えてきます。


この三つの疑問に対する回答は今でも何ら解決を見ていません。しかしこれらを考えることによって日々の生活に刺激というか潤いが増すのではないかと、私は感じています。ある時、馴染みの喫茶店に行くと、70代~80代くらいの4人の年配男性が話し込んでいました。

「仕事を辞めると何もやることがないので、今は死を待つだけの身なのかという気持ちになることがある」という人に対して、「やはり生活の軸になるものがないからでしょう。私もそう思う時がある」と別の人が応じていました。「このまま死んでいくと思うと、やるせなくなる」などと、率直に重い話題を語り合っていることに驚きました。

死んだらそれで終わりということは、いろいろ考えている自分の存在がなくなるということなので、受け入れ難いということではないでしょうか。やるせなくなるという気持ちもわかります。

60代ではそこまでの感覚はありませんが、70代になると死について語る人は増えてきます。死に関する書籍が本棚いっぱいに溢れていた先輩もいました。

自らの死というシリアスな課題について、互いの立場を認めながらオープンかつ率直に話し合っている4人組の姿が羨ましかったことを今も覚えています。

死に対する思いを語り合える友人を持つことは十分に意味があります。先に提唱した「リ・スターティングノート」にも、エンディングノートと同様に、「弔われ方」の希望などを記しても良いでしょう。

70代になると「生と死」は隣り合わせ

多くの文芸作品を創作し、映画や演劇も手がけた寺山修司さんは、「生が終わって死が始まるのではない。生が終われば死もまた終わってしまうのである」との言葉を残しています。普段の生活では、どうしても生きる方に重点があります。生と死は隣り合わせだとわかっていても、死を意識することはおろそかになってしまうのです。

2022年9月にNHKで放送された『ブラタモリ』では、日本三大霊場の一つ青森県の恐山を訪ね、「なぜ人々はここで死者に会えると思うのか?」をテーマにしていました。私も2014年に恐山を訪れ、宿坊(寺院が管理する宿泊施設)に1泊した経験があります。その時のことを思い出しながら番組を見ていました。

番組では、禅僧で恐山菩提寺の院代（住職代理）の南直哉《じきさい》さんが案内をしていました。本堂の横の丘は硫黄の匂いが鼻を刺して、煙も噴き出して植物が育たない場所になっています。このような日常にはない風景が、死者に会える雰囲気を醸し出しているのでしょう。私は亡くなった自分の家族をイタコさんに呼び出してもらった経験を思い出しました。彼女が大きく息を吐いたかと思うと、その家族になってしゃべり始めました。もちろん同一人物だと信じ込んだわけではありませんが、その家族を思い浮かべながら話に聞き入ったのです。

恐山からの帰りに時間があったので、青森市内の三内丸山遺跡にも行ってみました。ここは縄文時代の大規模集落跡で、当時の縄文人が暮らしていたことがリアルに感じられました。ふと、彼らがそこに生き返っているような感覚に襲われたのです。

恐山と三内丸山遺跡を訪れて感じたのは、やはり人の「生と死」は隣り合わせなのだということです。特に70代に突入して心身の衰えを感じ始めると、この生と死は隣り合わせという実感が強くなってきます。「やりたいことリスト」を作成する際も、年齢に照らした自身の残り時間も勘案しながら検討することが求められます。

「最後の晩餐」を考えて毎日を輝かせる

何気なくテレビをつけていると、NHKの『逆転人生』という番組に引き込まれました。大阪市にある淀川キリスト教病院では、ホスピスで過ごす末期のがん患者に向けて「リクエスト食」を提供していることが紹介されていました。管理栄養士の女性が提案したもので、毎週1回、患者から食べたいメニューを聞き取り、それに対して全力で応える取り組みです。

番組では二人の男性を映し出していました。家族みんなの大好物だった「バッテラ」（鯖《さば》の押し寿司）を申し出た男性はうれしそうに四つのお寿司をぺろりと平らげました。もうひとりの男性は、妻と一緒に鍋をつつきたいと「すき焼き」を要望しました。7年間の闘病と看護の思いが詰まった夫婦での食事であることが画面からも伝わってきました。

数年前から、私は死ぬ前に食べたい昼食をランキング形式で記録しています。「最後の晩餐」ならぬ「最後の昼食リスト」で、ベスト30をつけているのです。

そのリストを眺めていると大半が高額なものではなくて、小さい頃や青春の思い出と結びついています。大学受験の不合格を確認した帰り道に食べた吉野家の牛丼だったり、学生時代バイトをしていた王将の餃子《ぎょうざ》だったりするのです。

1位は、小さい頃から食べている地元の神戸新開地にある春陽軒の豚まんです。それを食べていると、小学生当時の私も、進路で悩んでいた大学卒業時の自分も、仕事を投げ出して休職していた私も、初めて本を出版できて喜んでいた私も、みんな一緒に食事をしているかのような感覚にとらわれるのです。

「死ぬ前にここの豚まんを食べてあっちの世界に行くので、それまでは店を続けてもらわなければいけません」と春陽軒のご主人とおかみさんに話しています。私より若い3代目が継いでいるので大丈夫でしょう。家族には何か緊急の病で病院に搬送される時にはこの春陽軒に立ち寄ってからにしてくれと話しています。

この作成したランキングは定期的に入れ替えをします。そのため新しい店にも意識して行くようにしています。毎日の昼食をないがしろにしたくないからです。ここが「最後の昼食リスト」の肝なのです。外出して昼食を自由に食べに行ける年齢が仮に75歳までだとすると、私にはもう2000回余りしか残っていません。1回たりとも無駄にできないのです。

ある先輩有名人との対談でこの話をすると、彼は健康で過ごせる年齢を80歳までに設定して、残りあと何回ゴルフに行けるかを考えているそうです。その方が案外長生きできそうな気がしますと彼は語っていました。

やはり人生の終着点から考えると、日々の生活を輝かすことにもつながるのです。

死期を見据えて生きると日々が充実する

ノンフィクション作家の加藤仁さんが、「50歳以上の女性なら誰でも歓迎します」という広島のコーラスグループのことを記事に書いていました。この合唱団はメンバーが辞めないことに特徴がありました。その理由を彼が探ると、ある先輩の死にいきあたったそうです。

彼女はひとり暮らしで、生前から「私が死んだ時は白装束ではなく、コンサート衣装を着せてね」と話していました。読経よりも自分の好きな曲をメンバーが歌って見送ってほしいとも語っていたそうです。

彼女が亡くなった時にその通りにすると、後輩たちは「自分もそうしてほしい」と死に方について語り合うようになります。以後、互いの人生について励まし合うようにもなり、一段とコーラスグループの結束力が強まったそうです。亡くなった女性は葬儀の時の自分の姿を見据えることによって、限りある日々の暮らしを充実させることにつなげていたのではないでしょうか。

漫画家でイラストレーターのきくちゆうきさんが書いた『100日後に死ぬワニ』と題された4コマ漫画が大きな反響を呼んだことがあります。

主人公は1匹のワニ。テレビを見て笑ったり、アルバイト先の先輩に恋心を抱いたり、友人とラーメンを食べに行ったりと、穏やかな日々が描かれています。しかし毎回、漫画の末尾には「死まであと◯日」とあることから、ワニ自身は知らなくても読者は迫ってくるワニの死を嫌でも意識させられます。

誰にも寿命があって、命は有限であると知ることが、一日一日を大切に生きることにつながっているのです。繰り返しになりますが、人生を終着点から考えることは大いに意味があると思うのです。

　このような生き方をもう少し進めれば、第1章で紹介した「生前葬」のように、生きているうちに一旦死んで蘇ることもありえるのではないでしょうか。もちろん本当に亡くなるわけではありません。自分の一部分が死んで新たな部分が生まれるイメージです。

　例えば、学生から社会人になることは、自分の中にある学生は死んで、新たな会社員が生まれる経験になります。結婚すれば、気ままに自由を謳歌《おうか》する独身の自分は死んで、家族と支え合う自分が生まれます。定年退職すると、会社員の自分と決別して、新たな自分の再生を目指すことになります。このように自分の立場や役割を変えていくことは、新たな生きがいを持つことにつながる可能性が高いのです。

　心身の衰えが始まる75歳あたりの時点でも、一度死んで生まれ変わるという意識が大事ではないかと私が考える理由は、このような点にもあります。

身近な人の死に直面して考えたこと

2023年1月、阪神・淡路大震災は発生から28年を迎えました。私の取材でも震災の体験がきっかけになって、自分の命の尊さをあらためて知ったという人が少なくありません。無念にも生きることができなくなった人々への思いを語る人もいます。身近な人の死に直面することは自身の意識に変化をもたらすのです。

私も阪神・淡路大震災で同様の体験をしたので少し述べます。

家が崩れるのではないかと思われる激しい揺れのなかで、ひとり別室にいた長女を抱きかかえて家族がいる寝室に連れ戻った時の記憶は今もまだ鮮明です。外に出てみると景色は一変していました。倒壊した建物も多くて、川上の方では煙のようなものが見えたので火事かと思っていたら、大きな地すべりの砂ぼこりであることを後に知りました。34人の住民が犠牲になりました。

直後に神戸市灘区に住む両親に電話を入れると、母は「建物は崩れていないから大丈夫。こちらへ来ることは考えずにとにかく自分の家族を守ることだけ考えて！」と勢い込んで話しました。周囲は相当大変な状況だったようで、その後はすべての電話がつながらなくなりました。

震災当日の夕刻には、我が家にも遊びに来たことがあった娘の同級生が家の下敷きになって亡くなったという話が飛び込んできました。自宅の小さな庭で彼女とサツマイモ掘りをした記憶が蘇ってきました。親御さんのことを想像すると胸が押しつぶされそうになりました。彼女と私の娘が入れ替わっても決して不思議ではなかったのです。遺体安置所では、多くの棺が並べられていて、思わず息をのんだことを覚えています。

毎年1月17日に行われる追悼行事に行く時も、テレビで報道に接する時も、その時にはいつも亡くなった人の分もきちんと生きなければならないと背筋が伸びます。

地元の神戸新聞では身近な人を失った家族の話が毎年紹介されています。

当時9歳の次男を亡くした65歳の会社員は年に1度、1月17日だけは、「何事があっても」会場に足を運んでいます。彼は何年経っても涙が出て、「お父さんを9年しかさせてもらえんかった。ごめん。あれも、これも、いろいろしてやりたかった……」と、次男がはしゃいでいた姿を毎年思い起こすそうです。

慰霊碑の息子の名前を見つめながら「恥ずかしくない人生を送るからな」といつも自分に語りかけてもいるそうです。

また息子を震災で失った79歳の女性は、今まで1月17日を毎年追悼行事がある公園で過ごすのは「当たり前だった」が、体調も勘案して今年は控えることにしたそうです。「優しい次男はきっとわかってくれていると思うから」と話しています。

親の心の中では子どもたちは生きています。同時に、肉親の分まで生きなければならないというエネルギーが彼ら彼女たちを支えているのです。

孤立したままでは極楽に行けない

2022年5月、大阪の中之島香雪美術館で開催されていた「来迎―たいせつな人との別れのために」という企画展を鑑賞しました。「死後、人はどこに行くのだろうか?」という根源的な問いがテーマです。仏教的な答えの一つは、阿弥陀如来のいる極楽浄土に往生するということでしょう。展示されていた阿弥陀如来がお迎えに来る「来迎図」や、死後に向かう極楽のありさまを描いた「浄土図」は、こうした浄土信仰の高まりのなかで生み出されています。

作品を眺めていた時に私の頭に浮かんだのは、『ひとりじゃないの』という天地真理さんのヒット曲でした。25もの菩薩を従えた金色の阿弥陀如来が迎えのために地上へ降りてくる姿がにぎやかで、とてもきらびやかに見えたからです。父母を看取る時、「死ぬ時はひとり」と感じた記憶があったので意外でした。

この阿弥陀如来が従えている菩薩はどういう人なのかを勝手に解釈すると、極楽往生を願う本人が今まで大切に思ってきた人たち、およびこれから旅立つ本人のことを愛おしく感じている人たちではないかと連想しました。

亡き父母や親族、お世話になった人たちであり、本人が極楽浄土に旅立つことを願ってくれる家族や友人たちではないかという直感です。人は孤立したままでは極楽浄土に行けず、25人くらいの仲間が必要ではないかと感じたのです。

ジャーナリスト、ノンフィクション作家で、「知の巨人」とのニックネームを持つ立花隆さんは、NHKの番組内でこんなことを語っています。

「人間の〝限りある命〟は単独であるわけではなく、周囲に支えられて存在するという意味において、〝いのち連環体〟という大きな〝わっか〟の一部でもあります」

「来迎図」が意味することも、立花さんが語ったことも、私は同じように解釈しています。極楽浄土に行くためには人とのつながりが求められるのだと思うのです。

過去や未来の自分とのつながりもある

75歳以降も続くであろう長い期間を生きていくためには、過去の自分、未来の自分とも肩を組みながら進むことが意味を持ちます。

京都大学で日本人の往生観を研究しているカール・ベッカー教授の講演を聞いたことがあります。功なり名を遂げた人に臨終の前に「自分の誇れるものは何か」と彼がインタビューすると、仕事や会社のことを話す人はいなくて、大半が「小学生の頃、掃除当番をきっちりやった」などと昔の思い出を語るそうです。

つい先日、私が初めて書いた原稿を見つけました。50年以上前の自分に出会えたのです。『プロレス&ボクシング』（1970年3月号）の読者コーナーに掲載されたものです。古書店街を探しても見つからず、ようやくネット上で見つけて購入しました。4コマ漫画を描いて神戸新聞に掲載された友人のF君と、職員室に呼ばれて注意を受けたことを覚えています。「高校受験の時期にチャラチャラするな」ということだったのでしょう。黄色のページと記憶していたのですが違っていて、タイトルも「さらばF・原田」のつもりが「ありがとうF・原田」でした。

読んでみると、何より文章がなかなかいけているのです。家人によると、「50歳で原稿を書き始めた時よりもうまい」との評価。成長したり、知恵がついたりしていると思っているのは実は本人だけで、一皮むけば、同じ自分が現れるのかもしれません。15歳の自分は全く別人ではなくても、私とは違った存在であるとも感じました。

過去の自分、未来の自分とつながっている自分は、誰とも比較を許さない唯一無二の存在です。さらに、自分の仲間は、今付き合うことができる他人だけとは限りません。亡くなった親や先祖ともつながっているという気持ちがあれば、たとえ物理的にひとりになったとしても、寂しさを感じることが少なくなるのではないでしょうか。

第2章で、自身の居場所でノスタルジーを強調したのも同じ理由からです。

最後の〝お役目〟は若者へのバトンタッチ

学生の就職支援を行っている70代半ばの会社員時代の先輩Aさんは、企業での経験をもとに学生と面談を行っています。新たな世界に向かおうとしている若者への後押しが自分にも大いに刺激になるといいます。ある定年退職者は、「会社は若者と一緒に働き、話ができる貴重な場だったと、退職してから気づいた」と話しています。

定年後も続く同期会で幹事を務めている先輩に、元気な高齢者の特徴を聞いてみると、在職中に転身して大学で教えている人、会社の出向先から若者の面倒を見る組織の理事に就任している人、学生時代に取り組んだ楽器の演奏を大学生の後輩たちと一緒にやっている人など、若者と触れ合う機会が多い人の事例を紹介してくれました。

第2章で、人とのつながりや居場所の例として、無料学習塾で小中学生にボランティアで教えることや、剣道の有段者が道場で豆剣士を教えていることも触れました。自分がかつて所属したボーイスカウトの活動や、外国人の子どもの日本語教育に励んでいる人や、横断歩道に立って旗を持ち、朝の登校のお手伝いをしている人もいます。若者と高齢者が触れ合う機会は、その気になればつくれるのです。

作家の北方謙三さんは、後期高齢者としっかり書かれた大判の健康保険証が届いてからの思いを「日々不安であり、私が考えついた方法は、できるかぎり若者に接するということであった」と綴っています。北方さんは、機会があれば腰を据えて若者と話すことを心がける、若者の表現物にはできるかぎり接する、ロックのライブなどにも時々出かけて跳ねている、とも書いていました。

私の大学勤務時代の経験を踏まえても、若者とのやり取りをするだけで、何か元気のようなものをもらえる実感がありました。

ある落語家が高座でこんなことを語っていました。

「落語家の師匠は、右も左もわからない内弟子に対して、3年の間、月謝もとらずに落語の稽古をつけてくれる。おまけに食事の面倒までみて、お小遣いをくれることもある。それでは、一人前になった弟子は、どのようにして師匠に恩返しをするのでしょうか？　それは、自分が弟子をとって同じように落語の稽古をつけることなんです。次の若い人につないでいくわけですな。親子みたいなものですわ」

この話を聞き、あらためて次の世代に何かを継承することが、私たちの最後の〝お役目〟ではないかと考えました。

私の知人にも、幼い頃に近所のオジサンたちがキャッチボールをして遊んでくれた思い出が忘れられず、地域活動のリーダーを務めて子どもたちの育成に携わる70代の男性Fさんがいます。毎晩、父親に本を読んでもらっていた思い出を持つ70代の女性Nさんは、地域の子どもたちに絵本の読み聞かせを続けています。

次の世代に何らかのものをバトンタッチしていくことは、自分の存在を確認できる機会にもなります。大げさなことや派手なことでなくても、何かを次世代につなげるという気持ちそのものが、生涯の「生きる力」になると私は信じています。

おわりに

2022年の秋から、大阪のカルチャーセンターで新たな講座を始めました。私から一方的に何かを伝えるのではなく、受講者自身の発表を中心にした大学のゼミのような講座です。互いの名前と顔が確認できる少人数制で、毎月1回、平日の夜2時間、全5回の講座となりました。50代以上の男女4人ずつ、計8人が参加し、受講者同士が互いに語り合いながら授業を進めていきます。

人生100年時代と呼ばれるように、年々、平均寿命が延びていることから、中高年以降になると、多くの人が「今後どのように収入を得ていけば良いのか」「どのように日々を過ごしていくべきか」という課題に直面します。

収入を得るために、定年後も仕事を続けたいと漠然と思い描いたとしても、何の計画も立てることなく、いきなり起業や独立、転職をして成功できる可能性は高くありません。定年後や75歳以降の生き方を何ら意識せず、ただ現状維持のままでは将来の展望は描けないのです。

受講者たちが定年後やそれ以降のことを自ら考えるためのヒントになればという気持ちで、私はこの講座を立ち上げました。

全5回のうちの前半では、受講者がそれぞれに歩んできた人生の道筋や現在のキャリア上の課題を整理・発表し、その内容について受講者同士で質問や感想などを交換していきます。最終回では、今後自分はどのようにありたいか、夢や目標などを語り合ってもらおうと考えています。

現在までに、8人全員の発表が一旦終了しました。形式も内容も自由なのですが、ひとりの発表に対して質疑やコメントが途切れることはありません。2時間の講座があっという間に終わってしまうのです。

私はこれまで、20年間、何百人もの生き方や働き方について取材、研究してきましたが、今回の試みは初めての経験でした。受講者同士の活発な議論に耳を傾けながら、人生とは本当に多様で、自由であるべきだとあらためて考えました。

もちろん私も参加者のひとりです。自身のキャリアを紹介するとともに、直面している課題も発表しました。それに対する受講者の意見を聞いて、思いも寄らない新たな発見もあり、あらためて人と議論することの大切さを実感しました。

この講座では、受講者に自身が歩んできた道筋、つまり「自分史」について、「○○年」に「××があった」と年表形式でまとめることを勧めました。いわば、本書に掲載したような「自分史シート」を書いてもらったのです。その意味や狙いについては、本書のなかで詳しく説明している通りですが、実際に詳細な「自分史」を作成して、「やりたいこと」などを発表してくれた受講者もいました。

私は本書で提案している「リ・スターティングノート」の「やりたいことリスト」や「自分史シート」の作成を、この講座の受講者にも実践してもらいたかったのです。なかなか作成できない受講者もいましたが、いきなり完璧な記載を目指すのではなく、少しずつ加えていけば良いとアドバイスしました。

また、いずれも時間をおいて見直してみると、必ず自分の新たな一面が見えてくることがあると強調しました。

本書は今後、こうした実践形式の講座における教科書的な存在になると思います。過去を振り返ることは、自身が過ごしてきた半生の「物語」を確認することにもなります。そして、今後の物語は、自分自身で最後まで紡ぎ上げるべきものです。

75歳を過ぎたあたりから感じる心身の衰えに対する不安。それを癒してくれるのは、他人の言葉やお金の有無ではなく、自分自身が創り上げてきた物語であり、今後の展望だと思います。

将来の希望は、自身の物語が指し示す先にあります。たとえ小さくてもそこから生まれる夢を大切にして生きていきたい。夢とは、子どもや若者よりも、人生を一回りしてきた還暦以上の人にとってより大きな意味を持つ存在だと、私は確信しています。

2023年1月　楠木 新

リ・スターティングノート

巻末付録1

リ・スターティングノート[1]

「やりたいことリスト」の記入要項

❶とにかく頭に浮かんだ
「やりたいこと」を書いていく

❷書き出したことを何歳から
何歳頃までに実現したいかも考える

❸やりたいことを実現するための
具体的な行動や目標を考える

❹やりたいことが浮かばない時は、
「自分史」から考えてみる

作成のポイント

◉やりたいことは、趣味や得意分野の延長線上にあることが中心になりやすい。行きたい場所、見たいもの、食べたいもの、会いたい人など、広範囲かつ具体的に考えてみる

◉最初からしっかりとした目標を立てようとしない。実際にできるかどうかはあまり考慮せず、まずは思いついたものをどんどんリストアップし、書いていく

◉一度書いた内容も、時間をおいて適宜、見直して、上書きしていく。すぐにできそうなことがあれば、できるだけ実行に移す。失敗したら、機をあらためて再挑戦してもいい

※楠木 新の例

リ・スターティングノート1－①

やりたいことリスト（70歳～75歳頃）

◉新聞や雑誌の連載を続ける

『夕刊フジ』に「定年後の居場所」と題した連載を5年、200回以上続けてきた。次は、「75歳からの生き方」に関する連載を立ち上げたい。

◉ノンフィクションの執筆

生まれ育った「神戸新開地」界隈《かいわい》で暮らす人々や出身者たちの人間模様を描きたい。現時点での仮タイトルは「神戸新開地を通りすぎた人たち」。

◉生き方道場「楠木流」の立ち上げ

現在、開催している少人数の生き方を研究するゼミナールを継続、発展させる。参加者が「いい顔」で過ごせるように貢献する。

◉ラジオのレギュラー番組を持つ

番組名は「神戸で過ごす定年後」。パーソナリティーとして出演し、定年後を豊かに生きる人たちの紹介や、神戸の街の話題を語り合う。大好きな「70年代ヒット歌謡曲」も流したい。

◉実現に向けた具体的な行動・目標

◉ノンフィクションの執筆

神戸市内で歴史案内のボランティアをするなどして、知見を深める。

取材対象者の個人年表を作成してみる。連載できそうな媒体を自分で探す。

「自分史シート」の記入要項

❶小・中学校、高校、大学、社会人（異動や転職など時期を区切ると整理しやすい）、定年後といったように、一定期間で区切って、記憶や思い出を振り返る

❷各時期において、家族や部活、趣味、人間関係、好きだったことなど、項目別に該当するものを列挙する

❸列挙したもののなかから、特に印象が強い記憶や思い出が今にどうつながっているかなども考えてみる

❹良いことだけでなく、悪いことも挙げていい。過去の写真や卒業アルバム、通信簿、日記などがあれば参考にする

作成のポイント

◉「やりたいこと」が浮かばない人は、「自分史」の作成から始めてみる。印象に残っている過去の記憶や思い出を、「○○年××があった」などと時系列でとにかく書き出してみる

◉時期だけでなく、家族との関係や部活、趣味、熱中していたことなど、テーマ別にまとめても良い。書きやすい時期から始めれば良い

◉それぞれの出来事にまつわる周辺エピソードを徐々に付け足していく。それらのなかに、今やりたいこと、やるべきことが潜んでいないかも検討

◉定期的に見直すと、事実に対する自分自身の見方が変わり、新たな道が拓けることもある

※楠木 新の例

リ・スターティングノート②－①

自分史シート 中学生時代（1967年～70年頃）

◎記憶や印象に残っている出来事

1967年4月 野球部に入部して親友が増える

野球部の仲間と遊び回り、ダベり倒す毎日。部活動を終えてからも、
銭湯などに集まり、2～3時間ほどワイワイ語り合う。プロ野球観戦、
映画・演芸場、ゲームセンターなどで一緒に遊ぶ日々が続いた。

1968～69年 演芸にハマリ芸人に憧れる

地元の神戸松竹座という演芸場に通い続けた。松竹座の裏にある銭湯で、
当時大人気だったレツゴー三匹のじゅんちゃんがギャグをしてくれて、
体が震えるほど感動。2014年に彼の葬儀に香典を持って参列した。
スポットライトを浴びて、舞台の上で観客を喜ばす芸人の姿に憧れる。

1970年1月 雑誌に投稿が掲載される

格闘技が好きで、全日本プロレスの観戦などに行って選手らのサインをもらう。
愛読していた『プロレス&ボクシング』の「読者のリング」コーナーに
投稿が掲載される。タイトルは「ありがとう F・原田」。
この時に掲載された喜びが執筆活動の礎かもしれない。

リ・スターティングノート 1

やりたいことリスト（　　　歳〜　　　歳頃）

◎実現に向けた具体的な行動・目標

※そのまま書き込んだり、コピーしたりしてご活用ください。

リ・スターティングノート 1

やりたいことリスト（　　　歳～　　　歳頃）

◎実現に向けた具体的な行動・目標

リ・スターティングノート 2

自分史シート

の時代（　　　　年～　　　　年頃）

◎記憶や印象に残っている出来事

※そのまま書き込んだり、コピーしたりしてご活用ください。

自分史シート　の時代（　　　年〜　　　年頃）

◎記憶や印象に残っている出来事

財産増減一括表

巻末付録2

1.「財産増減一括表」の活用

「財産増減一括表」は、現金や自宅などの保有する「資産」と、ローンや借入金などの「負債」の金額を記入して差し引きすることで、実質的な「純資産」(財産)の総額を大雑把に把握するために作成する。

企業の決算書の一つである「貸借対照表」(バランスシート)にならい、資産を左側に、負債を右側に書き込む。半年に1回程度、作成することで、財産の増減が認識でき、収入と支出のバランスを見直すきっかけとして活用できる。

2年ほど継続して作成すれば、資産全体の推移が把握でき、各々の増減額から資産の特徴や課題などが浮き彫りになる。

2.作成の手順

❶どんな資産や負債があるか、思いつく限り書き出す
❷現金・預貯金、株式や投資信託などの金融資産、
　住宅や自家用車などの実物資産などに分類して書き込む
❸その他の資産は「その他」の項目に書き込む。
　例えば、金やゴルフ会員権、アクセサリー、美術品など、
　時価が推定できるものは資産とみなす
❹それぞれの資産の時価、負債の残高を記入する
❺資産の合計から負債の合計を差し引いて純資産を算出
❻前回の記入時(半年前など)と比較して
　各項目の財産の増減額を把握する

※記入例①

財産増減一括表（2022年9月時点）

資産	金額	前回比較	負債	金額	前回比較
現金・預貯金	850万円	▲62万円	住宅ローン	715万円	▲66万円
株式	282万円	20万円	自動車ローン	48万円	▲12万円
投資信託	205万円	14万円			
保険	40万円	±0円			
住宅	1950万円	▲20万円			
自家用車	135万円	▲10万円			
その他					
金	94万円	2万円			
ゴルフ会員権	80万円	▲5万円			
			負債合計	763万円	▲78万円
			純資産合計（資産−負債）	2873万円	17万円
資産合計	3636万円	▲61万円	負債＋純資産	3636万円	▲61万円

3. 金額記載時のポイント

◉預貯金は通帳の記帳やインターネットで
口座残高を確認する(*1)

◉株式や投資信託などの金融資産は、預けている
金融機関が発行する口座残高報告書を確認、
もしくはインターネットで価格を検索してもいい(*2)

◉保険は、契約を解約した時に払い戻される
「解約返戻金」を記入。不明な場合は、保険会社に
問い合わせる(*3)

◉住宅は、不動産価格を査定してくれるインターネットの
サイトを活用する。４～５年に一度、不動産会社に
査定を依頼することも検討。なお、一戸建ては、
築年数が20年を超えるとほぼ土地代のみになる。
マンションは、20年を超えると新築時の半額が
目安で、それ以降は緩やかに減価する(*4)

◉自家用車は、価格を査定してくれるインターネットの
サイトを活用するか、中古車を買い取りしてくれる
店舗に査定を依頼する(*5)

◉「その他」には趣味のコレクションなど、
一定金額以上(10万円以上が目安)の
査定価格がつくものなら、何を記入してもいい(*6)

※記入例②（記入例①の半年前）

財産増減一括表（2022年3月時点）

	資産	金額	前回比較	負債	金額	前回比較
*1	現金・預貯金	912万円	▲72万円	住宅ローン	781万円	▲66万円
	株式	262万円	▲8万円	自動車ローン	60万円	▲12万円
*2	投資信託	191万円	▲7万円			
*3	保険	40万円	±0円			
*4	住宅	1970万円	±0円			
*5	自家用車	145万円	▲5万円			
*6	その他					
	金	92万円	3万円			
	ゴルフ会員権	85万円	▲5万円			
				負債合計	841万円	▲78万円
				純資産合計（資産−負債）	2856万円	▲16万円
	資産合計	3697万円	▲94万円	負債＋純資産	3697万円	▲94万円

財産増減一括表（　　年　　月時点）

資産	金額	前回比較	負債	金額	前回比較
現金・預貯金			現金・預貯金		
株式			株式		
投資信託					
保険					
住宅					
自家用車					
その他					
			負債合計		
			純資産合計（資産ー負債）		
資産合計			負債＋純資産		

※そのまま書き込んだり、コピーしたりしてご活用ください。

財産増減一括表（　　年　　月時点）

資産	金額	前回比較	負債	金額	前回比較
現金・預貯金			現金・預貯金		
株式			株式		
投資信託					
保険					
住宅					
自家用車					
その他					
			負債合計		
			純資産合計（資産－負債）		
資産合計			負債＋純資産		

楠木 新　くすのき・あらた

１９５４年、神戸市生まれ。
１９７９年、京都大学法学部卒業後、生命保険会社に入社。
人事・労務関係を中心に経営企画、支社長などを経験する。
在職中から取材・執筆活動に取り組み、多数の著書を出版する。
２０１５年、定年退職。
２０１８年から4年間、神戸松蔭女子学院大学教授を務める。
現在は、楠木ライフ＆キャリア研究所代表として、
新たな生き方や働き方の取材を続けながら、執筆などに励む。
著書に、25万部超えの『定年後』『定年後のお金』『転身力』（以上、中公新書）、
『人事部は見ている。』（日経プレミアシリーズ）、
『定年後の居場所』（朝日新書）、
『自分が喜ぶように、働けばいい。』（東洋経済新報社）など多数。

75歳からの生き方ノート

2023年3月1日　初版第1刷発行

著　者　楠木 新
発行人　大澤竜二
発行所　株式会社小学館
〒101-8001
東京都千代田区一ツ橋2-3-1
編集　03(3230)5535
販売　03(5281)3555
印刷所　図書印刷株式会社
製本所　牧製本印刷株式会社

Printed in Japan　ISBN978-4-09-389100-4

ブックデザイン／クマガイグラフィックス
編集協力／シーセルズ
カバー写真／イワモトアキト